KANT

PROLÉGOMÈNES

A TOUTE MÉTAPHYSIQUE FUTURE

QUI POURRA SE PRÉSENTER COMME SCIENCE

TRADUCTION NOUVELLE

PARIS
LIBRAIRIE HACHETTE ET Cie
79, BOULEVARD SAINT-GERMAIN, 79

KANT

PROLÉGOMÈNES

A TOUTE MÉTAPHYSIQUE FUTURE

QUI POURRA SE PRÉSENTER COMME SCIENCE

COULOMMIERS
Imprimerie PAUL BRODARD

KANT

PROLÉGOMÈNES

A TOUTE MÉTAPHYSIQUE FUTURE

QUI POURRA SE PRÉSENTER COMME SCIENCE

TRADUCTION NOUVELLE

PARIS
LIBRAIRIE HACHETTE ET Cie
79, BOULEVARD SAINT-GERMAIN, 79

1891
Tous droits réservés.

A

Monsieur GEORGES LYON

Maître de conférences à l'École normale supérieure.

AVERTISSEMENT

Cette traduction qu'un maître éminent a encouragée de ses conseils et appuyée de son autorité, est l'œuvre de MM. Brunschvicg, Chambert, Cresson, Gazin, Havard et Landormy, ses élèves à l'École normale supérieure. Ils l'avaient d'abord entreprise pour eux-mêmes, dans la seule intention de pénétrer ensemble plus profondément dans la connaissance de la langue et de la philosophie allemandes. Mais, quand ils l'eurent achevée et revue soigneusement, il leur parut qu'elle pourrait être au public de quelque utilité.

C'est au public en effet, et au grand public

que Kant songeait, en écrivant les *Prolégomènes*. Il voulait, pour répandre partout les bienfaits de la critique, ménager à son œuvre un accès plus facile, et en marquer plus nettement la portée et l'étendue. Aussi cet écrit se recommande-t-il en particulier aux étudiants de philosophie, comme la plus rapide et la plus sûre introduction à la connaissance de Kant. Et il demeure encore, pour ceux qui se proposent un examen approfondi de la pensée kantienne, un élément considérable et nécessaire de toute interprétation du criticisme. Enfin Kant a pris soin de nous y éclairer lui-même sur l'histoire du développement de son esprit, qui a si longtemps fixé l'attention des érudits.

En France les *Prolégomènes* sont loin d'occuper encore, parmi les œuvres de Kant, la place d'honneur que les Allemands sont arrivés à lui donner par le progrès même de leurs études historiques. La *Critique* a tout emporté dans son grand renom et l'on s'est peu soucié de l'écrit où Kant, dégagé des fatigues de l'élaboration première, juge son ouvrage de loin et de haut, où il essaye de faire œuvre de vulgarisateur, livrant sa pensée tout entière, débarrassée des formules obscures et des symétries factices où il s'était trop plu à l'emprisonner. Cet oubli a fait naturellement perdre à l'étude de Kant ce qu'elle aurait pu comporter de facilité, de sûreté, ou même d'attrait : peut-être, nous l'espérons du moins, la lecture des *Prolégomènes* sera-t-elle capable de rendre cette étude dans une certaine mesure moins ardue et moins obscure ; peut-être même quelques passages de ce livre nous feront-ils plus indulgents pour les prétentions de Kant au titre d'écrivain précis, élégant et spirituel au besoin.

C'est cette espérance qui a inspiré notre traduction, elle nous commandait de lui donner tout l'agrément dont elle était susceptible, sans rien sacrifier pourtant de cette exactitude scolastique que Kant lui-même reconnaissait, et presque à regret, comme la qualité principale de son style. L'œuvre de notre prédécesseur M. Tissot était méritoire, quand il s'agissait de mettre rapidement à la portée du lecteur français l'ensemble des ouvrages de Kant; mais nous avons cru qu'il était possible d'essayer autre chose, de suivre une méthode nouvelle, pour répondre à un nouveau besoin; et puisque la publication que M. Barni avait promise il y a plus de vingt ans déjà comme le complément nécessaire de sa propre traduction de la *Critique* avait été attendue en vain, nous nous sommes attachés à ces *Prolégomènes* avec tout le soin et tout le respect que l'on doit aux œuvres classiques.

Paris, juillet 1890.

PROLÉGOMÈNES

PRÉFACE

Ces prolégomènes ne sont pas destinés aux élèves, mais aux maîtres futurs, encore doivent-ils leur servir, non pas à exposer une science déjà faite, mais à découvrir tout d'abord cette science elle-même.

Il y a des savants dont la philosophie se réduit à l'histoire de la philosophie tant ancienne que moderne; ce n'est point pour eux que sont écrits ces prolégomènes. Ils attendront que les philosophes qui s'efforcent de puiser aux sources mêmes de la raison aient terminé leur affaire; alors ce sera leur tour d'informer le monde du fait accompli. Seulement, à les en croire, on ne peut rien écrire qui n'ait été déjà dit, opinion qui pourrait effectivement avoir pour toute doctrine future la valeur d'une prédiction infaillible; car l'esprit humain, depuis tant de siècles, a si bien divagué de toutes les façons sur des sujets sans nombre, qu'il est difficile de ne pas trouver dans chaque idée nouvelle quelque ressemblance avec une idée ancienne.

Mon dessein est de convaincre tous ceux pour qui la métaphysique vaut la peine d'être étudiée qu'il est absolument nécessaire d'interrompre leur travail jusqu'à nouvel ordre, de considérer tout ce qui s'est fait jusqu'ici comme non avenu et de discuter avant tout cette question : « Une métaphysique quelconque peut-elle seulement être possible ? »

Si la métaphysique est une science, comment se fait-il qu'elle ne puisse obtenir comme les autres sciences un suffrage universel et durable? Si elle n'en est pas une, d'où viennent les grands airs qu'elle se donne toujours sous le masque de la science; d'où vient qu'elle séduit l'intelligence humaine par un espoir qui jamais ne s'est éteint, jamais ne s'est satisfait? Qu'on démontre qu'elle est une science ou qu'elle n'en est pas une, il faut, en tout cas, arriver une fois pour toutes à la certitude sur la nature de cette science prétendue;

car il est impossible de demeurer plus longtemps dans la situation actuelle. Il est assez ridicule, en effet, quand toutes les autres sciences accomplissent des progrès continus, de tourner constamment sur place sans faire un pas en avant, et cela précisément dans cette science qui veut être la sagesse même, l'oracle de l'humanité. Aussi le nombre des partisans de la métaphysique a-t-il bien diminué et l'on ne voit pas que des hommes qui se sentent capables de briller dans d'autres sciences, veuillent compromettre leur réputation dans celle-ci où l'ignorance en toute chose n'exclut pas la prétention à prononcer un jugement tranchant, parce qu'en réalité on n'a sur ce terrain ni poids ni mesure pour distinguer avec certitude une connaissance solide d'un verbiage superficiel.

Mais il n'est pas non plus sans exemple qu'après avoir fait de longs efforts dans une science, admirant l'importance des progrès accomplis, on s'avise enfin de rechercher si cette science est possible et comment elle l'est. Car la raison humaine est tellement éprise de constructions que, plusieurs fois déjà, après avoir élevé l'édifice, elle l'a renversé pour voir quel en pouvait bien être le fondement. Il n'est jamais trop tard pour devenir raisonnable et sage; mais il est toujours plus difficile lorsque l'esprit critique arrive tard, d'en assurer le développement.

Cette question : une science est-elle possible? suppose qu'on en met l'existence en doute. Mais ce doute blesse tous ceux dont la fortune entière pourrait bien ne consister que dans ce prétendu trésor, et celui qui l'élève peut s'attendre à une résistance universelle. Les uns, dans la conscience orgueilleuse de leur antique possession, tenue jusqu'alors pour légitime, leurs précis de métaphysique en main, jetteront sur lui un regard de mépris. D'autres, habitués à ne pas apercevoir une chose s'ils n'en ont déjà vu un premier exemple, ne le comprendront pas, et, de la sorte, tout demeurera comme s'il ne s'était rien passé qui fît craindre, ou espérer, un changement prochain.

Cependant, je n'hésite pas à affirmer d'avance qu'en méditant par soi-même ces Prolégomènes, non seulement on doutera de la science qu'on avait acquise auparavant, mais on finira même par être tout à fait convaincu qu'il ne peut y avoir de science métaphysique que là où seront remplies les conditions qui sont ici posées comme fondement de la possibilité de cette science, et, comme il n'en a rien été jusqu'ici, qu'il n'existe pas encore de métaphysique. Cependant comme les études de cet ordre ne peuvent jamais disparaître[1] parce que l'intérêt de la raison commune à tous les hommes y est trop intimement lié, on reconnaîtra qu'une réforme complète ou plutôt une régénération de la métaphysique va inévitablement se produire sur un plan tout à fait inconnu jusqu'ici, en dépit des résistances plus ou moins prolongées.

Depuis les recherches de Locke et de Leibnitz, ou, pour mieux dire, depuis l'origine de la métaphysique, aussi loin que s'étend son histoire, il ne s'est produit aucun événement susceptible de prendre pour la destinée de cette science une importance aussi décisive que l'attaque que David Hume a dirigée contre elle. Non que Hume ait fait la lumière sur ce mode de connaissance, mais il a fait jaillir une étincelle où il eût été possible d'allumer une flamme, s'il eût trouvé une mèche convenable dont on eût pris bien soin d'entretenir et d'accroître la lueur.

Hume prit pour point de départ capital cet unique mais important concept de la métaphysique : la liaison de la cause et de l'effet, avec les concepts dérivés de force, d'action, etc., et il

---

1. *Rusticus exspectat dum defluat amnis; at ille Labitur et labetur in omne volubilis ævum.*
(HORATIUS.)

somma la raison, qui feint d'avoir porté ce concept dans son sein, d'en rendre compte, de nous dire de quel droit elle pense qu'il se trouve une chose de nature telle que, cette chose étant posée, quelque autre chose doive être nécessairement posée : car c'est ce que signifie le concept de cause. Il démontra d'une façon irréfutable qu'il est complètement impossible à la raison de penser *a priori* et par concepts une pareille liaison : car cette liaison enveloppe la nécessité, et l'on ne saurait concevoir comment, par cela seul que quelque chose est, quelque autre chose devrait être de toute nécessité, et comment le concept d'une pareille liaison pourrait se déduire *a priori*. D'où il conclut que la raison se trompe du tout au tout sur ce concept, qu'elle le tient faussement pour son enfant légitime, alors qu'il n'est qu'un bâtard de l'imagination, qui, engrossée par l'expérience, a inscrit sous la loi de l'association des représentations déterminées, et qui substitue une nécessité purement subjective résultant de cette expérience, c'est-à-dire une habitude, à une nécessité objective et fondée en raison.

De là il tira cette conséquence que la raison n'a pas le pouvoir de penser de telles liaisons, même dans leur généralité, parce qu'alors ses concepts ne seraient que de pures fictions, et toutes les connaissances prétendues *a priori* qu'on en tirerait ne seraient rien que des expériences générales faussement estampillées, ce qui revient à dire qu'il n'y a pas de métaphysique et qu'il ne peut pas y en avoir [1].

Si précipitée et si inexacte que fût cette conclusion, elle était du moins fondée sur une critique, et cette critique avait assez de valeur pour que les bons esprits de ce temps s'entendissent, afin d'étudier le problème dans le sens où Hume l'avait présenté et d'en donner, s'il était possible, quelque solution plus heureuse, d'où serait nécessairement sortie à bref délai une réforme complète de la science.

Mais le destin, de tout temps défavorable à la

---

[1]. Hume donnait également à cette philosophie destructive le nom de métaphysique et il lui accordait une haute valeur. « La métaphysique et la morale, dit-il (*Essais*, 4º partie) sont les branches les plus considérables de la science; les mathématiques et la physique n'ont pas moitié autant de valeur. » Cet esprit pénétrant ne considérait ici que l'utilité négative qu'il y aurait à limiter les prétentions excessives de la raison spéculative afin de mettre un terme définitif à ce nombre infini de controverses interminables qui tourmentent et égarent l'humanité; mais il perdait de vue le dommage positif qui en résulterait si l'on enlevait à la raison les points de vue importants d'où elle peut assigner à la volonté le but même de tous ses efforts.

métaphysique, voulut que Hume ne fût compris de personne. On ne peut voir sans une certaine peine comme ses adversaires Reid, Oswald, Beattie, et, en dernier lieu encore, Priestley se sont trompés du tout au tout sur le point de vue auquel Hume posait le problème. Ils prenaient toujours pour accordé ce que Hume mettait précisément en doute; mais, en revanche, ils démontraient avec chaleur et la plupart du temps avec beaucoup d'impertinence ce qu'il n'avait jamais pensé à mettre en question; et, de la sorte, ils méconnurent si bien l'indication que Hume avait donnée pour perfectionner la métaphysique, que tout demeura dans le même état comme si rien ne s'était passé. Car la question n'était pas de savoir si le concept de la cause est exact, utile et indispensable pour la connaissance complète de la nature (Hume n'avait jamais mis ce point en doute) mais si ce concept était pensé par la raison *a priori*, s'il possédait ainsi une vérité intrinsèque indépendante de toute expérience, et par là si l'application ne dépassait pas de beaucoup les limites des seuls objets de l'expérience. C'est précisément sur ce point que Hume attendait une explication. Il s'agissait de savoir quelle était l'origine de ce concept et non s'il était indispensable dans la pratique ; il suffisait qu'on en découvrît l'origine ; par là même auraient été données les conditions de l'usage qu'on en peut faire et des limites où il peut être valable.

Mais, pour répondre à la question, les adversaires de cet homme célèbre auraient dû pénétrer très profondément la nature de la raison en tant qu'elle n'a pour objet que la pensée pure, ce qui les eût dérangés. Ils trouvèrent qu'il y avait un moyen plus commode de se donner de grands airs sans faire aucune recherche critique ; c'était d'en appeler au sens commun ; et, sans doute, c'est un don précieux du ciel de posséder un sens droit (ou, comme on l'a appelé récemment, un sens tout uni), mais on doit en faire réellement preuve en se montrant réfléchi et raisonnable dans ce qu'on pense et ce qu'on dit, non pas en se réclamant de lui comme d'un oracle, lorsqu'on ne peut rien dire pour se justifier. Quand la recherche critique et la science sont en défaut, alors commencer à invoquer le sens commun, c'est une des subtiles inventions des temps nouveaux ; elle permet au plus fade bavard d'attaquer hardiment l'esprit le plus solide et de lui tenir tête. Mais tant qu'il y aura encore un reste de critique, on se gardera bien de recourir à cette ressource désespérée. A y regarder de plus près, cet appel n'est autre chose qu'un recours au jugement du vulgaire dont les applaudissements feraient rougir le philosophe, et qui enflent d'orgueil et de vanité le charlatan populaire. Et je serais tenté de croire que Hume aurait pu aussi bien que Beattie prétendre au bon sens et même à ce que Beattie ne possédait certainement pas, je veux dire à une raison critique qui retient le sens commun dans ses limites pour l'empêcher de se lancer dans les spéculations, ou, si c'est le seul point en question, pour l'empêcher de rien décider parce qu'il ne s'entend pas à justifier ses principes; car c'est à cette seule condition qu'il demeure un bon sens. Un ciseau et un maillet peuvent parfaitement bien servir à travailler le bois; mais, pour graver, il faut un burin. De même le bon sens de l'intelligence et sa faculté spéculative sont tous deux utiles, mais chacun à sa manière : le premier, lorsqu'il s'agit de jugements qui trouvent leur application immédiate dans l'expérience; la seconde, lorsqu'il faut prononcer des jugements universels d'après de simples concepts, en métaphysique, par exemple, où le bon sens, qui se décerne à lui-même ce nom le plus souvent par antiphrase, n'a aucune espèce de compétence.

je l'avoue franchement ; c'est précisément l'avertissement de David Hume qui, il y a bien longtemps, me réveilla pour la première fois de mon sommeil dogmatique et donna à mes recherches dans le domaine de la philosophie spéculative une direction toute nouvelle. J'étais bien éloigné de prêter l'oreille à ses conclusions, qui résultaient uniquement de ce que, au lieu de se poser le problème dans sa totalité il s'appliquait seulement à une partie d'un problème qui ne pouvait être éclairci sans la considération de l'ensemble. Mais toutes les fois que l'on part d'une opinion qui nous a été léguée par un autre et qui repose sur un fondement solide sans être complètement développée, on peut bien essayer, par une méditation suivie, de pousser cette opinion plus loin que n'est allé l'homme pénétrant à qui l'on doit la première étincelle de cette lumière.

Je recherchai donc avant tout si l'objection de Hume ne comportait pas une extension universelle, et je reconnus bientôt que le concept de la liaison entre la cause et l'effet est loin d'être le seul qui permette à l'entendement de se figurer *a priori* la liaison des choses, et qu'au contraire la métaphysique ne se compose absolument que de liaisons de même nature. Je cherchai à m'assurer de leur nombre, et, quand j'y eus réussi selon mon désir, c'est-à-dire en partant d'un seul principe, j'en vins à la déduction de ces concepts : J'acquis alors la certitude qu'ils ne sont pas dérivés de l'expérience comme Hume l'avait craint, mais qu'ils naissent de l'entendement pur. Cette déduction qui paraissait impossible à l'esprit pénétrant de mon prédécesseur et dont personne en dehors de lui ne s'était seulement avisé, quoique chacun n'hésitât pas à se servir de ces concepts, sans se demander quel était le fondement de leur valeur objective, cette déduction, dis-je, était la tâche la plus difficile que l'on pût entreprendre en faveur de la métaphysique ; et ce qu'il y a de pis, c'est que la métaphysique elle-même, si toutefois il y en a une quelque part, ne pouvait sur ce point m'être d'aucun secours, puisque c'est cette déduction même qui doit d'abord décider de la possibilité de la métaphysique. Puis donc que j'étais arrivé à la solution du problème de Hume, non pas simplement pour un cas particulier, mais pour la faculté tout entière de la raison pure, je pouvais avancer avec sûreté quoique toujours avec lenteur vers le but que voici : Fixer enfin le domaine entier de la raison pure, ses bornes comme son contenu d'une façon complète et d'après des principes universels. C'était là précisément ce dont la métaphysique avait besoin pour édifier son système d'après un plan certain.

Mais je crains que ce développement du problème de Hume, aussi loin qu'il peut être étendu (j'entends la critique de la raison pure) n'ait le même sort que le problème lui-même quand il fut posé pour la première fois. On le jugera mal parce qu'on ne le comprendra pas; on ne le comprendra pas parce qu'on aura envie de feuilleter le livre au lieu de le méditer; et l'on ne voudra pas se donner la peine de le méditer parce que l'ouvrage est aride, parce qu'il est obscur, parce qu'il contredit toutes les idées habituelles, enfin parce qu'il est long. Eh bien, j'avoue que je ne m'attendais pas à voir un philosophe se plaindre de ne pas trouver un exposé populaire, amusant et facile, quand il s'agit de l'existence même d'une connaissance très estimée et indispensable à l'humanité, connaissance qui ne peut s'achever autrement qu'en suivant les règles les plus sévères d'une précision scolastique : plus tard, sans doute, le temps amènera la vulgarisation, mais on n'a pas le droit de commencer par elle. Quant à cette obscurité particulière qui est due en partie à l'étendue du plan et qui empêche de bien embrasser d'un coup d'œil les points principaux de notre recherche, on a le droit de s'en plaindre ; et c'est pour remédier à ce défaut que j'écris ces Prolégomènes.

L'ouvrage où la faculté de la raison pure est étudiée dans son extension complète et dans ses limites, demeure toujours le fondement auquel ces Prolégomènes se rattachent à titre de simple étude préliminaire. Car cette critique doit être constituée systématiquement comme une science et achevée jusque dans ses moindres détails, avant qu'il soit possible de songer à entreprendre une métaphysique ou d'en concevoir l'espérance même éloignée.

Depuis longtemps déjà on est accoutumé à voir renouveler et rajeunir les connaissances vieilles et usées qu'on a simplement dépouillées de leur arrangement primitif pour les habiller en système, au gré d'un caprice personnel ; mais on y a mis une étiquette nouvelle, et la majorité des hommes n'attend pas autre chose de notre critique. Or ces Prolégomènes les invitent à songer qu'il existe une science toute neuve dont personne jusqu'ici ne s'était seulement avisé, dont on ne pouvait même pas avoir l'idée, qui, du passé tout entier ne saurait rien tirer pour son usage en dehors de l'indication que les doutes de Hume pouvaient donner : encore celui-ci n'entrevoyait-il nullement la possibilité d'une science formelle de ce genre, mais, pour mettre son navire en sûreté, il le tirait au rivage du scepticisme où le vaisseau risquait de pourrir sur le flanc. J'ai eu l'idée de donner à ce navire un pilote, qui, déduisant de la connaissance du globe les principes certains de la navigation et les appliquant à l'aide d'une carte complète de la mer et d'un compas, pût le mener en toute sécurité où il voudrait.

Celui qui aborde une science nouvelle, complètement isolée, unique en son genre, avec le préjugé qu'il peut se servir, pour en apprécier la valeur, des prétendues connaissances qu'il a déjà acquises, quoique ce soient précisément elles dont la réalité doit d'abord être mise absolument en doute, n'arrive qu'au résultat suivant : il s'imagine voir partout des choses qui sont déjà connues d'ailleurs, parce que les mots sonnent à peu près de même; et, d'autre part, tout se présente à lui déformé jusqu'au contre sens et au bavardage, parce que ce n'est pas la façon de penser de l'auteur qu'il prend pour fondement, mais toujours seulement sa propre façon de penser dont une longue habitude a fait sa nature même. Or la grande étendue de l'œuvre, qui provient de la nature même de la science, et non de l'exposition, la sécheresse inévitable et la précision scolastique qui en résultent sont peut-être des qualités infiniment précieuses pour la philosophie en elle-même, mais, en tout cas, elles sont nuisibles à l'ouvrage.

Il n'est pas donné à tout le monde d'avoir un style aussi subtil et, en même temps, aussi attrayant que David Hume, ni aussi solide et aussi élégant que Moïse Mendelssohn ; seulement j'aurais bien pu rendre mon exposition populaire (je m'en flatte), si mon unique affaire avait été de crayonner un plan et d'en recommander à d'autres l'exécution, et si je n'avais pas eu à cœur l'intérêt de la science qui m'a si longtemps occupé : car il fallait, d'ailleurs, une grande persévérance et même une grande abnégation pour sacrifier l'attrait flatteur d'une faveur plus prompte à l'espoir d'un succès plus tardif, sans doute, mais durable.

Faire des plans est, le plus souvent, une occupation de plaisir et de vanité qui donne des airs de génie créateur : on exige ce qu'on ne peut pas donner soi-même, on critique ce qu'on est incapable d'améliorer, on met en avant un principe dont on serait bien embarrassé de montrer l'origine; et pourtant un plan solide d'une critique universelle de la raison, c'est quelque chose de plus qu'on ne le croit généralement dès qu'on ne se borne plus comme d'habitude à exprimer de pieux souhaits d'un ton déclamatoire. Seulement, la raison pure forme une sphère tellement isolée, dont chaque partie est si bien liée au tout, qu'on ne peut ni toucher à l'une d'elles sans toucher à toutes les autres, ni arriver à quelque résultat sans avoir fixé à chacune sa place et son influence sur les autres; car, puisqu'il n'y a rien en dehors de la raison qui puisse pénétrer en elle pour servir de règle à notre jugement, la valeur et l'usage de chaque partie dépendent du rapport où elle se trouve à l'égard de toutes les autres, à l'intérieur de la raison même. C'est ainsi que, dans le système d'un corps organisé, la fin de chaque organe ne peut se déduire que du concept complet du tout. On peut dire, par conséquent, d'une pareille critique qu'elle n'est jamais certaine tant qu'elle n'est pas entièrement achevée; tant qu'elle néglige le moindre élément de la raison pure; c'est-à-dire que si l'on veut déterminer la sphère de cette faculté, on doit faire tout ou rien.

Mais s'il est vrai qu'un simple plan précédant la critique de la raison pure n'aurait ni clarté, ni certitude, ni utilité, il prendrait une grande utilité à la fin de l'ouvrage. Car il nous permettrait d'embrasser l'ensemble de cette science, de vérifier un à un les points principaux et d'améliorer certains détails d'exposition qui pouvaient rester défectueux pendant le premier travail de rédaction.

Ainsi, aujourd'hui que mon œuvre est achevée, je présente un plan de ce genre, plan que j'ai pu construire maintenant d'après une méthode analytique, tandis que l'ouvrage lui-même exigeait absolument une exposition synthétique, qui permit à la science de présenter tous ses éléments dans leur harmonie naturelle comme les membres d'un organisme intellectuel tout à fait particulier. Et ceux qui trouveront encore obscur ce plan même que je donne comme prolégomènes à toute métaphysique future, voudront bien songer qu'il n'est nullement nécessaire que tout le monde étudie la métaphysique; il y a bien des talents qui vont très loin dans des sciences solides et même profondes, plus voisines de l'intuition sensible; mais ces talents ne sont pas nés pour réussir dans les recherches qui se font par concepts de pure déduction et ils ne doivent pas détourner leurs dons intellectuels sur un objet qui ne leur convient pas; quiconque, au contraire, entreprend la critique ou même encore la construction de la métaphysique doit absolument satisfaire aux conditions qui sont ici posées, soit que d'ailleurs il accepte ma solution ou qu'il la rejette radicalement pour la remplacer par une autre, — car il ne peut se soustraire à ces conditions : enfin, cette obscurité qu'on a si fort décriée (c'est le moyen habituel de cacher sa propre lenteur ou sa faiblesse d'esprit), cette obscurité a son avantage; en effet, tous ceux qui, en face de toutes les autres sciences, observent un silence significatif, dans les questions métaphysiques parlent en maîtres et décident résolument : car ce qui peut ici faire ressortir par contraste leur ignorance, ce n'est pas la science des autres, ce sont uniquement les véritables principes de la critique, dont on peut dire :

Ignavum, fucos, pecus a præsepibus arcent [1].

[1]. Virgile.

AVANT-PROPOS

DE LA CARACTÉRISTIQUE DE TOUTE CONNAISSANCE MÉTAPHYSIQUE

Des sources de la métaphysique.

§ 1.

Quand on veut présenter une connaissance comme science, on doit préalablement pouvoir déterminer d'une façon précise ce qui la distingue, ce qu'elle n'a de commun avec aucune autre, ce qui est donc caractéristique en elle; sans quoi les domaines de toutes les sciences empiètent les uns sur les autres, et aucune ne peut être traitée à fond conformément à sa nature.

Cette caractéristique, d'ailleurs, peut être la différence spécifique que présentent soit l'objet de la connaissance, soit ses sources, soit ses modes, soit quelques-uns enfin de ces éléments au défaut de la totalité; mais, en tout cas, elle est le premier fondement de l'idée d'une science possible et de son domaine.

D'abord, en ce qui concerne les sources d'une connaissance métaphysique, le concept d'une pareille connaissance nous apprend déjà qu'elle ne peut pas être empirique. Ses principes (et ce ne sont pas seulement ses propositions fondamentales, mais encore ses concepts fondamentaux) ne doivent jamais être tirés de l'expérience; car elle ne doit pas être une connaissance physique, mais au contraire une connaissance métaphysique, c'est-à-dire une connaissance qui dépasse l'expérience. Aussi ne devra-t-elle se fonder ni sur une expérience externe qui est la source de la physique proprement dite, ni sur une expérience interne qui est le fondement de la psychologie empirique. C'est donc une connaissance *a priori*, c'est-à-dire une connaissance d'entendement pur et de raison pure.

Par là, elle ne différerait en rien de la mathématique pure, mais pourtant on devra la nommer connaissance philosophique pure; sur le sens de cette expression, je me réfère à la *Critique de la raison pure*, page 712 et suivantes*, où la diffé-

---

* Trad. Barni, t. II, p. 286.

rence de ces deux usages de la raison a été l'objet d'une exposition claire et suffisante. Et voilà pour les sources de la connaissance métaphysique.

Du mode de la connaissance qui peut seul être appelé métaphysique.

§ 2.

a. *De la différence des jugements synthétiques et des jugements analytiques en général.* — Une connaissance métaphysique ne doit contenir que des jugements *a priori*; c'est ce que réclame la caractéristique de ses sources. Mais quelle que soit l'origine ou la forme logique des jugements, il y a entre eux une différence de contenu : ou bien ils sont simplement explicatifs et ils n'ajoutent rien au contenu de la connaissance; ou bien ils sont extensifs et augmentent la connaissance donnée. On peut appeler les premiers, jugements analytiques; les seconds, jugements synthétiques.

Les jugements analytiques n'expriment dans le prédicat rien de plus que ce qui était déjà pensé réellement dans le concept du sujet, quoique de façon moins claire et moins consciente.

Quand je dis : « tous les corps sont étendus », je n'ai pas le moins du monde enrichi mon concept de corps ; je l'ai simplement développé, car l'étendue était pensée réellement dans ce concept avant le jugement, quoiqu'elle ne fût pas formellement exprimée ; le jugement est donc analytique. Au contraire, la proposition : « quelques corps sont lourds », contient dans le prédicat quelque chose qui n'est pas réellement pensé dans le concept général de corps ; elle augmente donc ma connaissance, elle ajoute quelque chose à mon concept ; elle doit s'appeler un jugement synthétique.

b. *Le principe général de tous les jugements analytiques est le principe de contradiction.* — Tous les jugements analytiques reposent entièrement sur le principe de contradiction et sont de leur nature des connaissances *a priori*, que les concepts qui leur servent de matière soient d'ailleurs empiriques ou non. Car, comme le prédicat d'un jugement analytique affirmatif est déjà pensé auparavant dans le concept du sujet, il ne peut être nié de ce sujet sans contradiction ; de même son contraire est nécessairement nié du sujet dans un jugement analytique mais négatif, et cela encore en conséquence du principe de contradiction. Il en est ainsi des propositions : « tout corps est étendu » et « aucun corps n'est étendu (simple) ».

Donc, toutes les propositions analytiques sont

des jugements *a priori*, alors même que leurs concepts sont empiriques. Par exemple : « l'or est un métal jaune »; en effet pour le savoir, je n'ai besoin d'aucune autre expérience que de mon concept de l'or, qui contenait que ce corps est jaune, qu'il est un métal; car c'est cela qui constituait mon concept même et je ne pouvais que décomposer le concept sans rien considérer en dehors de lui.

c. *Les jugements synthétiques ont besoin d'un autre principe que le principe de contradiction.* — Il y a des jugements synthétiques *a posteriori* dont l'origine est empirique; mais il y en a aussi qui sont certainement *a priori*, et qui émanent de l'entendement pur et de la raison pure. Mais ces deux sortes de jugements ont ceci de commun qu'ils ne peuvent pas dériver exclusivement du principe fondamental de l'analyse, c'est-à-dire de l'axiome de contradiction; ils requièrent en outre un principe tout différent, bien que ce soit toujours conformément à l'axiome de contradiction qu'ils doivent être dérivés de ce principe fondamental, quel qu'il soit d'ailleurs. Car si tout ne peut pas découler de cet axiome, rien néanmoins ne peut le contredire. Je commence par classer les jugements synthétiques :

1. Les jugements d'expérience sont toujours synthétiques. — Car il serait absurde de fonder un jugement analytique sur l'expérience, puisqu'on n'a pas besoin de sortir du concept que l'on possède pour énoncer ce jugement, et qu'ainsi le témoignage de l'expérience n'est nullement nécessaire. — « Tout corps est étendu » : voilà une proposition qui est certaine *a priori* et qui n'est nullement un jugement d'expérience. Car, avant même de recourir à l'expérience, je possède déjà dans mon concept toutes les conditions de mon jugement; je n'ai qu'à en tirer le prédicat conformément au principe de contradiction. Par là même je prends conscience de la nécessité de ce jugement, et l'expérience ne m'en instruirait jamais.

2. Les jugements mathématiques sont tous synthétiques. — Cette proposition semble avoir jusqu'ici complètement échappé aux observations des anatomistes de la raison humaine, et même elle paraît directement opposée à leurs sentiments, quoiqu'elle ait une incontestable certitude et une importance capitale pour la suite. On constatait que les mathématiques tirent toutes leurs conclusions selon le principe de contradiction (ce qu'exige la nature d'une certitude apodictique), et alors on se persuadait que les principes fondamentaux eux-mêmes nous sont connus grâce à ce même axiome. En quoi l'on se trompait fort : car une proposition synthétique peut sans doute être considérée sous le rapport du principe de contradiction, mais ce n'est pas en elle-même, c'est seulement en tant qu'on suppose au préalable une autre proposition synthétique, dont elle peut découler.

On doit remarquer avant tout que les propositions proprement mathématiques sont toujours des jugements *a priori* et non empiriques, parce qu'ils entraînent avec eux une nécessité, qui ne peut être tirée de l'expérience. Si l'on ne veut pas me faire cette concession, je restreindrai ma proposition à la mathématique pure dont le concept même emporte avec lui cette idée, qu'elle ne contient qu'une connaissance purement *a priori* et non empirique.

On devait penser tout d'abord que cette proposition : $7+5=12$ est une proposition purement analytique, qui résulte du concept d'une somme de 7 et de 5, suivant le principe de contradiction. Mais, si l'on y regarde de plus près, on trouve que le concept de la somme de 7 et de 5 ne contient rien de plus que la réunion de deux nombres en un seul, et que l'on ne pense en aucune façon par là ce que peut être le nombre unique qui comprend les deux autres. — Le concept de 12 n'est nullement pensé par cela seul que je pense cette réunion de 7 et de 5, et j'aurai beau analyser le concept d'une pareille somme possible, je n'y découvrirai point le concept de 12. On est obligé de dépasser ces concepts en appelant à son aide l'intuition qui correspond à l'un d'entre eux, ses cinq doigts par exemple ou (comme Segner dans son arithmétique) cinq points, et ainsi on ajoute une à une les unités des cinq choses données dans l'intuition au concept des sept autres. — On enrichit donc réellement son concept par cette proposition ($7 + 5 = 12$), et au concept primitif on en ajoute un nouveau qui n'était pas pensé dans le premier, c'est-à-dire que la proposition arithmétique est toujours synthétique; c'est ce qu'on aperçoit plus clairement si l'on prend des nombres un peu plus grands; car il apparaît nettement que nous pourrons tourner et retourner notre concept à notre guise, nous n'y trouverons jamais la somme au moyen de la seule analyse de nos concepts, sans appeler l'intuition à notre secours.

Il n'y a pas davantage dans la géométrie pure de principe qui soit analytique : La ligne droite est le plus court chemin d'un point à un autre, est une proposition synthétique. Car mon concept de ligne droite ne contient pas une notion de quantité, mais seulement une qualité. Le concept de plus court chemin s'y ajoute de toutes pièces et ne peut être tiré par aucune analyse du concept de ligne droite. Il faut donc recourir ici à l'intuition dont l'intervention seule rend la synthèse possible.

Quelques autres principes que supposent les géomètres sont bien réellement analytiques et reposent sur l'axiome de contradiction; mais, comme propositions identiques, ils sont utiles pour former la chaine des déductions, ils n'en sont pas les principes constitutifs : tels sont $a = a$ ou le tout est égal à lui-même, et $a+b > a$ ou le tout est plus grand que sa partie. Et encore ces principes mêmes, quoiqu'ils tirent leur valeur des seuls concepts, ne sont admis dans la mathématique que parce qu'ils peuvent être représentés dans l'intuition. La raison qui nous fait croire communément que le prédicat de ces jugements apodictiques était déjà renfermé dans notre concept, et que le jugement est par conséquent analytique, c'est tout simplement l'amphibologie de l'expression. Il est nécessaire en effet qu'à un concept donné nous ajoutions par la pensée un certain prédicat, et cette nécessité est inhérente aux concepts eux-mêmes. Mais la question n'est pas de savoir ce que nous devons ajouter par la pensée au concept donné, mais ce que nous pensons effectivement, quoique obscurément encore, dans ces concepts; et alors il apparaît que le prédicat se rattache à ces concepts d'une façon nécessaire, il est vrai, mais non immédiate, c'est-à-dire par l'intermédiaire d'une intuition.

Remarque sur la division universelle des jugements en analytiques et en synthétiques.

§ 3.

Cette division est indispensable relativement à la critique de l'entendement humain, et elle mérite par là d'y devenir classique; car je ne sache pas qu'elle ait ailleurs une utilité considérable. Et là je trouve la raison qui explique que les philosophes dogmatiques qui cherchaient toujours les sources des jugements métaphysiques dans la métaphysique seule et non en dehors d'elle, dans les lois de la raison pure, ont négligé cette division qui semble se présenter d'elle-même ; que l'illustre Wolf, et le pénétrant Baumgarten qui suit ses traces, ont pu chercher dans le principe de contradiction la preuve du principe de raison suffisante qui est manifestement synthétique. Par contre, je trouve déjà dans les *Essais* de Locke sur l'entendement humain une indication pour cette division. Car dans le quatrième livre, au troisième chapitre, paragraphe 9 et suivants, après avoir préalablement parlé des différentes manières de lier les représentations dans un jugement, et de leurs origines, dont il place l'une dans l'identité ou la contradiction (jugements analytiques), mais l'autre dans l'existence des représentations dans un sujet (jugements synthétiques), il avoue (§ 10) que notre connaissance *a priori* de ces derniers jugements est très restreinte et toute voisine de rien ; seulement il y a dans ce qu'il dit de ce mode de connaissance si peu d'idées précises et de règles pratiques, qu'on ne saurait s'étonner si personne, si Hume lui-même en particulier n'y a pu trouver le point de départ de considérations sur les propositions de cette nature. Car des principes de ce genre, à la fois universels et déterminés, ne peuvent facilement s'apprendre d'autres, qui ne les ont entrevus que d'une façon obscure. C'est la réflexion personnelle qui doit seule nous y mener d'abord, après quoi on les retrouve ailleurs, là même où on ne les aurait certainement pas distingués auparavant, parce que les auteurs ne savaient pas eux-mêmes qu'il y avait une pareille idée au fond de leurs propres remarques. Ceux qui ne pensent jamais par eux-mêmes, ont cependant la pénétration suffisante pour aller déterrer une chose qu'on leur a montrée d'abord, dans ce qui avait été dit déjà, où personne ne l'aurait pu trouver auparavant.

Problème général des prolégomènes. Y a-t-il quelque métaphysique possible?

§ 4.

S'il y avait en réalité une métaphysique qui pût s'affirmer comme science, on pourrait dire : voici la métaphysique, vous n'avez qu'à l'apprendre; incontestablement, invariablement, elle vous convaincra de la vérité. Alors notre question serait inutile, et il ne resterait plus que celle-ci où il s'agirait de prouver notre pénétration plutôt que de démontrer l'existence de la métaphysique elle-même : comment la métaphysique est-elle possible et comment la raison procède-t-elle pour y parvenir?

Mais la raison humaine n'a pas eu ce bonheur. Il n'y a pas un seul livre qu'on puisse montrer comme on montre un Euclide, en disant : Voici la métaphysique ; là vous trouverez le dernier terme de cette science, la connaissance d'un être suprême et d'un monde futur démontrée par les principes de la raison pure. Car il est bien possible de nous montrer un grand nombre de principes qui sont d'une certitude apodictique et n'ont jamais été contestés ; mais ces principes sont tous analytiques ; ils ne concernent que les matériaux et l'instrument de la métaphysique, et non l'enrichissement de la connaissance, ce qui doit être pourtant notre but essentiel (§ 2, lettre c).

Mais si vous avancez des jugements synthétiques, par exemple le principe de raison suffisante que l'on vous concède sans difficulté, mais que vous n'avez jamais déduit de la pure raison, par suite *a priori*, comme c'était pourtant votre devoir, vous tombez, si vous voulez vous en servir pour votre but essentiel, dans des affirmations si peu valables et si peu sûres que, en tout temps les métaphysiques se contredisant l'une l'autre dans leurs affirmations ou dans leurs preuves, ont détruit par là toute leur prétention à un succès durable.

Aussi les essais qu'on a tentés pour constituer une telle science sont sans doute la première cause de ce scepticisme qui apparut de si bonne heure, état d'âme où la raison se heurte contre elle-même si violemment qu'il n'aurait jamais pu se produire si la raison n'avait pas désespéré complètement de se satisfaire jamais relativement à ses problèmes les plus importants. Car, pendant longtemps, avant qu'on ait commencé d'interroger méthodiquement la nature, on se bornait à interroger sa raison à part de la nature; car déjà la raison était exercée dans une certaine mesure par l'expérience vulgaire, puisque la raison nous est toujours présente, tandis que les lois de la nature demandent le plus souvent une recherche pénible. Et la métaphysique surnageait sur l'eau comme une écume, qui semblait s'évanouir à mesure qu'on l'y puisait, tandis-qu'à la surface une nouvelle écume se montrait, que quelques-uns recueillaient toujours avec avidité; et alors d'autres, au lieu de chercher dans les profondeurs la raison de cette apparence, se croyaient des sages parce qu'ils raillaient la peine inutile que s'étaient donnée les premiers,

La différence essentielle et spécifique entre la connaissance mathématique pure et toute autre connaissance *a priori*, consiste en ceci qu'elle doit procéder non par concepts, mais toujours et seulement par la construction des concepts (voir *Critique*, p. 712 *). Puisque, dans les propositions mathématiques, on doit ajouter au concept le contenu de l'intuition qui lui correspond, les propositions ne peuvent et ne doivent jamais résulter d'une résolution des concepts, c'est-à-dire d'une analyse; mais elles sont toutes synthétiques.

Mais je ne puis m'empêcher de remarquer le tort qu'on a fait à la philosophie en négligeant cette observation d'ailleurs facile et en apparence insignifiante. Hume, tout en comprenant que le rôle essentiel du philosophe est de parcourir le champ tout entier de la connaissance pure *a priori*, où l'entendement humain s'arroge des possessions si vastes, en détache d'une façon inconsidérée toute une province, et, à vrai dire, la plus importante, celle de la mathématique pure. Il s'imaginait que la nature ou pour ainsi dire la constitution de la mathématique reposait sur un principe tout différent, à savoir le seul principe de

---

* Trad. Barni, t. II, p. 286.

contradiction, et bien que sa division ne soit ni aussi formelle, ni aussi générale, ni exprimée dans les mêmes termes que la mienne, c'est exactement comme s'il eût dit : la mathématique pure ne contient que des propositions analytiques, la métaphysique, que des propositions synthétiques *a priori*. Eh bien, il se trompait fort en cela, et cette erreur eut sur sa conception tout entière une fâcheuse et décisive influence. Autrement, en effet, il eût enrichi son problème en y introduisant la question de l'origine de nos jugements synthétiques, et, en dépassant son concept métaphysique de causalité, il l'eût étendu à la possibilité de la mathématique *a priori*, car il aurait dû l'admettre, elle aussi, comme synthétique. Et alors il n'aurait jamais pu fonder ses propositions métaphysiques sur la simple expérience, parce qu'il eût soumis également à l'expérience les axiomes de la mathématique pure, chose que sa perspicacité ne lui eût pas permise. La bonne compagnie où la métaphysique aurait été, dans ce cas, appelée à prendre place, l'eût préservée du danger d'être indignement maltraitée; car les coups qui lui auraient été destinés auraient atteint aussi la mathématique, et ce n'était pas là, ce ne pouvait être son intention. Et par suite aussi cet esprit pénétrant eût été amené à des considérations nécessairement semblables à celles qui nous occupent en ce moment, mais qui auraient gagné à la beauté inimitable de son exposition un prix infini.

Les jugements proprement métaphysiques sont tous synthétiques. On doit distinguer entre les jugements qui rentrent dans la métaphysique et les jugements proprement métaphysiques. Les premiers comprennent une foule de jugements analytiques; mais ces jugements ne sont qu'un moyen pour les jugements métaphysiques qui demeurent le but exclusif de la science, et qui sont toujours synthétiques. Car si des concepts comme celui de la substance appartiennent à la métaphysique, à la métaphysique appartiennent nécessairement aussi les jugements qui résultent de la simple décomposition de ces concepts, comme celui-ci : la substance est ce qui n'existe que comme sujet, etc.; et c'est au moyen de plusieurs jugements analytiques de ce genre que nous cherchons à approcher la définition de ces concepts. Mais puisque l'analyse d'un pur concept de l'entendement, comme la métaphysique en renferme, se fait par le même procédé que la résolution de tout autre concept même empirique qui n'a pas sa place dans la métaphysique (par exemple : l'air est un fluide élastique dont l'élasticité ne disparaît à aucun degré connu de froid), c'est le concept seul et non le jugement analytique qui est proprement métaphysique, car sans la production de ses connaissances *a priori*, la métaphysique a un caractère particulier qui doit se distinguer des caractères qui lui sont communs avec les autres connaissances de l'entendement. Ainsi la proposition : « tout ce qui est substance dans les choses est constant », est un jugement synthétique et proprement métaphysique.

Si l'on a d'abord réuni suivant des principes certains les concepts *a priori* qui constituent les matériaux et les outils de la métaphysique, la résolution de ces concepts prend une grande valeur; aussi, en qualité de partie séparée de la métaphysique (quelque chose comme une philosophie définitive) contenant les principes purement analytiques qui rentrent dans la métaphysique, elle peut être traitée indépendamment de tous les principes synthétiques qui constituent la métaphysique elle-même. Car, en fait, toutes ces résolutions de concepts n'ont un usage important que dans la métaphysique, c'est-à-dire dans leur rapport aux principes synthétiques qui doivent résulter de ces concepts préalablement résolus.

La conclusion de ce paragraphe est donc que la métaphysique a proprement affaire à des propositions synthétiques *a priori* et que ces propositions seules en seront l'objet. Sans doute, pour atteindre cet objet, elle a souvent besoin de résoudre ses concepts et par là d'énoncer des jugements analytiques, mais son procédé ne diffère pas de celui de toute autre connaissance, où l'on ne demande à l'analyse qu'un simple éclaircissement. Mais la production de la connaissance *a priori*, par intuition ou par concepts, celle enfin des propositions synthétiques *a priori*, dans la connaissance philosophique en particulier, constituent le contenu essentiel de la métaphysique.

Dégoûtés par conséquent du dogmatisme qui ne nous apprend rien, et en même temps du scepticisme qui ne nous promet rien, pas même le repos dans une ignorance légitime, animés par l'importance de la connaissance dont nous avons besoin, mis en défiance par une longue expérience contre toute connaissance que nous croyons posséder ou qui se présente à nous sous le titre de raison pure, nous n'avons plus maintenant qu'une question critique à laquelle nous puissions désormais chercher une solution : y a-t-il quelque métaphysique possible? Et ce qui doit résoudre cette question, ce ne sont pas les attaques sceptiques contre certaines affirmations d'une métaphysique que l'on supposerait réelle (car nous n'en acceptons pas en ce moment), mais c'est le concept, encore problématique, d'une pareille science.

Dans la Critique de la raison pure, j'ai suivi à l'égard de cette question une marche synthétique, c'est-à-dire que j'ai fait mes recherches dans le cercle de la raison pure, et que j'ai essayé d'en tirer par des principes, et comme de leur source, la détermination des éléments aussi bien que les lois de son usage pur. Ce travail est difficile et exige de la part du lecteur la résolution de pénétrer pas à pas dans l'intelligence d'un système qui ne pose à sa base d'autre donnée que la raison même, et qui ainsi, sans s'appuyer sur aucun fait, cherche à faire sortir toute la connaissance de ses germes originels. Des prolégomènes ne doivent être au contraire que des exercices préliminaires; ils doivent indiquer ce qu'il faut faire pour réaliser, s'il est possible, cette science, et non l'exposer elle-même. Ils doivent donc s'appuyer sur quelque chose que l'on connaît déjà avec certitude, d'où l'on peut partir avec confiance pour remonter aux sources encore inconnues dont la découverte, non seulement éclairera ce qu'on savait auparavant, mais nous mettra du même coup en présence d'un vaste champ de connaissances qui toutes découlent des mêmes sources. Le procédé méthodique des prolégomènes, surtout de ceux qui doivent préparer à une métaphysique future, sera donc l'analyse.

Heureusement, si nous ne pouvons admettre que la métaphysique soit réelle en tant que science, nous pouvons cependant affirmer avec assurance que certaines connaissances synthétiques pures *a priori* sont réelles et données, ainsi la mathématique pure et la physique pure ; car toutes deux contiennent des propositions reconnues universellement vraies : les unes, au moyen de la seule raison, avec une certitude apodictique ; les autres, au moyen d'un accord universel résultant de l'expérience, quoiqu'elles soient regardées encore comme indépendantes de l'expérience. Ainsi nous possédons au moins quelque connaissance synthétique *a priori* incontestée ; et nous pouvons nous demander, non si cette connaissance est possible (car elle est réelle), mais seulement comment elle est possible, pour pouvoir dériver du principe de la possibilité de celle qui est donnée la possibilité de toutes les autres.

Question générale des prolégomènes.

§ 5.

Comment une connaissance par raison pure est-elle possible? — Nous avons vu plus haut la différence considérable qui sépare les jugements analytiques et les jugements synthétiques. La possibilité de propositions analytiques peut se concevoir très facilement; car elle se fonde uniquement sur le principe de contradiction. La possibilité de propositions synthétiques *a posteriori*, c'est-à-dire qui sont tirées de l'expérience, n'a pas besoin non plus d'une explication particulière; car l'expérience n'est elle-même rien autre chose qu'une continuelle liaison (*synthesis*) de perceptions. Restent donc seulement les propositions synthétiques *a priori* dont la possibilité doit être cherchée ou examinée parce qu'elle doit reposer sur d'autres principes que l'axiome de contradiction.

Mais nous n'avons pas besoin de commencer par rechercher la possibilité de telles propositions, c'est-à-dire par nous poser cette question : sont-elles possibles? car le nombre en est suffisant, elles nous sont données réellement avec une certitude incontestable; puisque la méthode que nous suivons maintenant doit être analytique, nous partirons de ce principe que la connaissance synthétique et par raison pure que nous avons de ces propositions est réelle. Mais ensuite il faudra pourtant examiner le fondement de cette possibilité et nous demander comment cette connaissance est possible, pour que nous soyons alors en état de déterminer d'après les principes de sa possibilité les conditions de son emploi, son domaine et ses limites.

La véritable question à laquelle tout revient, est donc dans sa précision scolastique celle-ci : *Comment des propositions synthétiques a priori sont-elles possibles?* — Je lui ai donné plus haut une expression un peu différente qui est une concession à la « popularité », en posant la question de la connaissance par raison pure; je pouvais alors en user ainsi sans nuire à l'examen critique que je me propose, parce que, comme il s'agit ici uniquement de la métaphysique et de ses sources, on se souviendra toujours, je l'espère, de cet avertissement qui a été donné déjà, que si nous parlons en cet ouvrage de la connaissance par la raison pure, il ne faut jamais entendre la connaissance analytique, mais seulement la connaissance synthétique [1].

1. S'il est vrai que la connaissance fait un progrès continuel, il est inévitable qu'on finisse par trouver insuf-

La solution de cette question aura pour conséquence que la métaphysique restera debout ou s'écroulera; c'est donc son existence même qui est toute en question. Qu'on expose ses affirmations métaphysiques avec toute la vraisemblance possible, qu'on entasse conclusions sur conclusions aussi haut qu'on voudra, si l'on n'a d'abord pu donner une réponse suffisante à cette question, je suis en droit de dire : voilà une philosophie vide, sans fondement, voilà une fausse sagesse. Vous parlez au nom de la raison pure, vous vous arrogez le droit de créer pour ainsi dire des connaissances *a priori,* vous ne vous contentez pas

---

fisants et mal adaptés à nos besoins certains termes devenus classiques, qui nous sont venus de l'enfance de la science, et qu'on les emploie dans un sens nouveau et plus convenable qui risque d'entraîner quelque confusion avec l'ancien usage. La méthode analytique, en tant qu'elle s'oppose à la synthétique, n'est rien moins qu'un ensemble de propositions analytiques; elle signifie seulement qu'on part de l'objet dont l'existence est en question, comme s'il était donné, pour remonter aux conditions de sa possibilité. Dans cette méthode, on se sert souvent de propositions purement synthétiques, comme l'analyse mathématique en donne l'exemple; aussi la nommerait-on mieux la méthode régressive, pour la distinguer de la méthode synthétique ou progressive. Le nom d'analytique est encore celui d'une des parties capitales de la logique, et, en ce cas, elle devient la logique de la vérité, par opposition à la dialectique, sans qu'il soit proprement spécifié que les connaissances qui s'y rattachent sont analytiques ou synthétiques.

de résoudre des concepts donnés, vous présentez de nouvelles liaisons qui ne reposent plus sur le principe de contradiction, et dont cependant vous pensez avoir une connaissance tout aussi complètement indépendante de l'expérience. Comment en arrivez-vous là, et comment voulez-vous justifier de pareilles prétentions ? On ne peut vous permettre d'en appeler à l'approbation universelle ; car c'est un témoin dont l'autorité ne repose que sur la rumeur publique :

Quodcumque ostendis mihi sic, incredulus odi [1]

Pour être indispensable, la réponse à cette question n'en est pas moins difficile ; et si la première raison et la plus importante pour laquelle on ne l'a pas cherchée depuis tant de siècles, c'est qu'il n'était encore venu à l'esprit de personne qu'on pût poser la question en ces termes, la seconde raison en est qu'une réponse satisfaisante à cette seule question suppose un effort de réflexion de beaucoup plus continu, plus profond, plus laborieux que celui que coûta jamais l'œuvre de métaphysique la plus élevée, celle qui, à première vue, promettait à son auteur l'immortalité.

1. Horace.

Aussi tout lecteur perspicace qui examinera ce problème avec tout le soin qu'il mérite, effrayé d'abord par sa difficulté, doit le regarder comme insoluble, et, comme s'il n'y avait pas en réalité de pareille connaissance synthétique pure *a priori*, la tenir pour tout à fait impossible, ce qui est arrivé en fait à David Hume, bien qu'il ne se fût pas posé la question avec l'universalité qu'on lui donne ici et qu'il faut lui donner, si l'on doit étendre la valeur de cette réponse à la métaphysique entière. Comment est-il possible, disait cet esprit pénétrant, que si un concept m'est donné je puisse en sortir pour y lier un autre concept qui n'est pas contenu dans le premier, tout comme s'il lui appartenait nécessairement? L'expérience peut seule nous mettre en possession de pareilles liaisons (telle est la conclusion qu'il tirait d'une difficulté qu'il prenait pour une impossibilité) et toute cette prétendue nécessité, ou, ce qui revient au même, la connaissance *a priori*, où l'on verra le signe de la nécessité, n'est rien qu'une longue habitude de constater quelque chose de vrai et de regarder comme objective une nécessité subjective.

Si le lecteur se plaint du travail et de la fatigue que je vais lui imposer pour avoir la solution de ce problème, il n'a qu'à essayer lui-même d'en trouver une plus simple. Peut être alors se reconnaîtra-t-il l'obligé de celui qui a entrepris en sa faveur un travail qui demandait une si longue investigation et laissera-t-il paraître auparavant quelque admiration pour la simplicité que cette solution a encore pu comporter eu égard à la nature du sujet; aussi en a-t-il coûté des années de travail pour résoudre le problème dans toute son universalité (au sens où les mathématiciens emploient ce mot, c'est-à-dire qu'il s'applique à tous les cas), et pour pouvoir l'exposer sous une forme analytique telle que le lecteur la rencontrera ici.

En conséquence, tous les métaphysiciens sont solennellement et légalement suspendus de leurs fonctions, jusqu'au jour où il aura été donné une réponse satisfaisante à cette question : *Comment sont possibles les connaissances synthétiques a priori?* — Car cette réponse seule constitue la lettre de créance qu'ils doivent exhiber, quand ils ont quelque chose à nous apporter, au nom de la raison pure; faute de quoi ils ne peuvent attendre de la part des esprits judicieux qui ont été si souvent déjà induits en erreur, qu'une fin de non-recevoir sans qu'il y ait à s'inquiéter davantage de ce qu'ils apportent.

S'ils veulent se livrer à cette occupation, non pas comme à une science, mais comme à un art qui persuade les opinions utiles aux mœurs et conformes au sens commun, on ne peut, en toute justice, mettre obstacle à leur profession; mais alors ils parleront le langage modeste d'une croyance raisonnable; ils reconnaîtront que leur unique droit sur ce qui dépasse les limites de toute expérience possible, ce sera, nous ne disons pas de savoir, ni même de conjecturer, mais d'admettre (et par rapport non pas à l'usage spéculatif auquel ils sont obligés de renoncer, mais simplement à l'usage pratique), ce qui rend possible la conduite de l'intelligence et de la volonté dans la vie, et, par suite, ce qui est indispensable; alors ils prendront le nom d'hommes utiles et sages, d'autant plus qu'ils renonceront davantage à celui de métaphysiciens, car les métaphysiciens veulent être des philosophes spéculatifs. Mais comme là où il s'agit des jugements *a priori* on ne peut pas s'en rapporter à des vraisemblances banales (car une connaissance prétendue *a priori* doit être par là même déclarée nécessaire), il ne peut pas leur être permis de jouer avec des conjectures : leurs affirmations doivent être une science, ou elles ne sont proprement rien.

On peut dire que la philosophie transcendantale tout entière, préface nécessaire de toute métaphysique, n'est rien autre chose que la résolution complète de la question ci-dessus, systématisée dans son ordre et dans son développement, et que jusqu'à présent il n'existe pas de philosophie transcendantale. Car ce qui en porte le nom, c'est à proprement parler une partie de la métaphysique, tandis que cette science doit commencer par fonder la possibilité de la métaphysique et que, par conséquent, elle la précède nécessairement. Dès lors, puisqu'une science privée de tout secours étranger, par suite toute nouvelle en elle-même, est requise pour donner une réponse satisfaisante à une seule question, on ne s'étonnera pas, si la résolution n'en va pas sans peine, sans difficulté et, par suite, sans une certaine obscurité.

En abordant cette solution suivant la méthode analytique, où nous supposons la réalité de pareilles connaissances par raison pure, nous pouvons nous appuyer sur deux sciences de la connaissance théorique (la seule dont il s'agisse ici), à savoir la mathématique pure et la physique pure; car ces sciences seules peuvent nous présenter les objets dans l'intuition, par conséquent, grâce à la connaissance *a priori* qu'elles renferment, faire preuve de la vérité de cette connaissance ou de son accord avec leur objet *in concreto*, c'est-à-dire de leur propre réalité, d'où l'on pourrait remonter par voie analytique jusqu'au principe de leur possibilité. Par là, notre tâche devient bien plus facile puisque les considérations générales trouvent dans les faits non seulement leur application, mais même leur point de départ, tandis, que suivant le procédé synthétique, elles auraient dû être complètement déduites *in abstracto* de concepts.

Pour remonter de ces connaissances pures *a priori*, qui sont réelles, et fondées par là même, à la connaissance possible que nous cherchons, c'est-à-dire à une métaphysique comme science, nous avons besoin de comprendre dans notre question capitale ce qui a donné une occasion et une base à la métaphysique, conçue comme une connaissance *a priori* donnée naturellement, sans avoir d'ailleurs une incontestable vérité; ce dont l'élaboration, dépourvue de toute recherche critique de sa possibilité a déjà pris habituellement le nom de métaphysique; d'un mot la disposition naturelle à une pareille science. Et ainsi la question capitale de la philosophie divisée en quatre autres questions, trouvera une réponse :

1. Comment la mathématique pure est-elle possible?

2. Comment la physique pure est-elle possible?

3. Comment la métaphysique en général est-elle possible?

4. Comment la métaphysique, en tant que science, est-elle possible?

On voit que si la résolution de ces problèmes doit présenter dans ses points capitaux le contenu essentiel de la critique, elle a cependant un caractère distinctif qui est aussi par lui-même très digne d'attention, c'est-à-dire qu'elle cherche dans la raison l'origine des sciences données, afin d'approfondir et de mesurer par là au moyen du fait lui-même le pouvoir qu'elles ont de connaître quelque chose *a priori*; à quoi ces sciences ne peuvent que gagner, sinon au point de vue de leur contenu, du moins par rapport à leur usage correct; et en même temps que par leur origine commune elles font la lumière sur une question plus élevée, elles se donnent sujet de mieux éclaircir en même temps leur propre nature.

PREMIÈRE PARTIE

DU PROBLÈME CAPITAL DE LA PHILOSOPHIE
TRANSCENDANTALE
COMMENT LA MATHÉMATIQUE PURE
EST-ELLE POSSIBLE?

---

§ 6.

Voici une connaissance importante, vérifiée, qui possède aujourd'hui déjà un domaine extraordinairement vaste et promet de recevoir dans l'avenir une extension illimitée; qui porte avec elle une certitude complètement apodictique, c'est-à-dire une nécessité absolue; qui ne repose donc pas sur un fondement empirique; qui est une pure production de la raison; et qui, en outre, est complètement synthétique : « Comment est-il possible à la raison humaine de constituer une pareille connaissance tout à fait *a priori*? » Cette faculté qui ne s'appuie pas, qui ne peut pas s'appuyer sur l'expérience, ne suppose-t-elle pas un principe de connaissance *a priori*, qui, s'il est profondément caché, pourrait du moins se manifester par ses effets, pourvu qu'on se donnât la peine d'en rechercher avec soin les premières traces.

§ 7.

Or nous trouvons que toute connaissance mathématique a pour caractère propre qu'elle doit commencer par présenter ses concepts dans l'intuition, et dans une intuition *a priori*, c'est-à-dire non pas empirique, mais pure; sans cet intermédiaire, elle ne peut faire un seul pas; aussi ses jugements sont-ils toujours intuitifs, tandis que la philosophie doit se contenter de jugements discursifs tirés de simples concepts, et qu'elle se sert de l'intuition seulement pour éclaircir et jamais pour déduire ses doctrines apodictiques. Cette observation sur la nature de la mathématique nous indique dès maintenant quelle est la première et la plus importante condition de sa possibilité : elle doit avoir pour fondement quelque intuition pure où elle puisse présenter ses concepts *in concreto* et cependant *a priori*, ou, comme on dit, les « construire ». Si nous pouvons découvrir cette intuition pure, et la raison de sa possibilité, nous verrons facilement ce qui rend possible les propositions synthétiques *a priori* de la mathématique pure, et cette science elle-même par conséquent. Car si, sans conteste, l'intuition empirique nous met en mesure d'enrichir synthétiquement et dans l'expérience, par de nouveaux prédicats que l'intuition elle-même nous fournit, le concept que nous nous formons d'un objet d'intuition, l'intuition pure nous y mettra également, mais avec une différence pourtant : dans ce dernier cas, le jugement synthétique sera certain *a priori* et apodictique, tandis que, dans le premier cas, il ne sera certain qu'*a posteriori* et empiriquement ; ces jugements en effet ne contiennent que la matière d'une intuition empirique et contingente ; tandis que les autres renferment ce qui doit se rencontrer nécessairement dans l'intuition pure, puisque, en qualité d'intuition *a priori*, elle est indissolublement liée avec le concept, antérieurement à toute expérience ou à toute perception déterminée.

§ 8.

Mais, ce pas une fois franchi, la difficulté semble plutôt augmentée que diminuée ; car le problème se pose maintenant sous cette forme : comment est-il possible d'avoir une intuition *a priori*? L'intuition est une représentation qui dépend immédiatement de la présence de l'objet. Il semble par conséquent impossible d'avoir *a priori* une intuition qui soit primitive, parce qu'alors l'intuition devrait se produire sans qu'il y eût d'objet antérieurement ou actuellement présent auquel elle se rapportât, et dans ces conditions il ne saurait, semble-t-il encore, y avoir d'intuition. Il existe, il est vrai, des concepts comme ceux qui ne contiennent que l'idée d'un objet en général que nous pouvons créer tout à fait *a priori* et sans nous être trouvés en rapport immédiat avec cet objet; par exemple les concepts de grandeur, de cause, etc. Mais ces concepts mêmes exigent, pour acquérir un sens et une valeur, un certain usage *in concreto*, c'est-à-dire une application à une intuition quelconque où un objet qui leur corresponde nous soit donné. Mais comment l'intuition de l'objet peut elle précéder l'objet?

§ 9.

Si notre intuition devait être telle qu'elle représentât les choses comme elles sont en soi, l'intuition ne pourrait avoir lieu *a priori*, elle demeurerait toujours empirique. Car je ne peux savoir ce que contient l'objet en lui-même que s'il m'est présenté et donné. Même dans ces conditions, il resterait impossible de comprendre comment l'intuition d'une chose présente pourrait me la faire connaître telle qu'elle est en soi, puisque ses propriétés ne peuvent se transporter de la chose dans mon esprit; mais concédât-on que cela fût possible, encore une pareille intuition ne pourrait avoir lieu *a priori*, c'est-à-dire avant que l'objet m'en fût présenté. Et pourtant sans cette condition on ne pourrait rien concevoir qui légitimât le rapport de ma représentation à cet objet et elle devrait alors reposer sur une sorte d'inspiration. Il n'y a donc pour mon intuition qu'une seule manière possible d'être antérieure à la réalité de l'objet, et de devenir connaissance *a priori* : c'est de ne contenir autre chose que la forme de ma sensibilité, antérieure en moi, c'est-à-dire dans le sujet, à toutes les impressions réelles par lesquelles les objets m'affectent. Car je puis savoir *a priori* que les objets des sens ne peuvent être perçus que sous la forme de la sensibilité. Il s'ensuit que les propositions qui ne se rapportent qu'à la forme de l'intuition sensible sont possibles et valables pour les objets des sens, et réciproquement que des intuitions qui sont possibles *a priori* ne peuvent jamais se rapporter à autre chose qu'aux objets de nos sens.

§ 10.

C'est donc seulement par la forme de l'intuition sensible que nous avons l'intuition des choses *a priori*; mais cette intuition ne nous permet de connaître les objets que tels qu'ils sont susceptibles de nous apparaître (c'est-à-dire d'apparaître à nos sens) et point du tout tels qu'ils peuvent être en soi; et cette conception est absolument nécessaire, si l'on doit admettre comme possibles des propositions synthétiques *a priori*, ou bien si l'on doit, dans le cas où elles se rencontreraient dans la réalité, comprendre et déterminer à l'avance la raison de leur possibilité.

L'espace et le temps sont ces intuitions dont la mathématique pure fait le fondement de toutes ses connaissances et de tous ses jugements, qui se présentent à la fois comme apodictiques et nécessaires; car une mathématique doit commencer par représenter tous ses concepts dans l'intuition, et une mathématique pure doit les représenter dans l'intuition pure, c'est-à-dire les construire; sans quoi (comme sa méthode ne peut pas être analytique, c'est-à-dire procéder par résolution des concepts, mais qu'elle doit être synthétique) il lui est impossible de faire un pas tant qu'il lui manque une intuition pure, qui seule peut apporter la matière de jugements synthétiques *a priori*. La géométrie prend pour fondement l'intuition pure de l'espace. L'arithmétique crée elle-même ses concepts de nombre, par l'addition successive des unités dans le temps; mais c'est surtout la mécanique pure qui ne peut créer ses concepts de mouvement qu'au moyen de la représentation du temps. Les deux représentations de l'espace et du temps sont de simples intuitions; car, si l'on écarte des intuitions empiriques des corps et de leurs modifications (mouvement) tout ce qui est empirique, c'est-à-dire tout ce qui appartient à la perception sensible, il reste néanmoins l'espace et le temps qui sont ainsi des intuitions pures, leur servant de fondement *a priori*, et dont par suite on ne peut jamais faire abstraction. Mais par cela même que ces représentations sont des intuitions pures *a priori*, il est prouvé qu'elles sont de pures formes de notre sensibilité, telles qu'elles préexistent à toute intuition empirique, c'est-à-dire à la perception d'objets réels, et telles que conformément à elles les objets puissent être connus *a priori*, mais, à la vérité, seulement comme ils nous apparaissent.

§ 11.

Le problème posé dans cette partie est donc résolu.

Ce qui fait la possibilité d'une mathématique pure comme connaissance synthétique *a priori*, c'est uniquement qu'elle ne s'applique pas à autre chose qu'aux objets des sens dont l'intuition empirique a pour fondement une intuition pure et *a priori* (celle de l'espace et du temps); ce qui est possible parce que cette intuition pure n'est rien de plus que la simple forme de la sensibilité, qui préexiste à l'apparition réelle des objets, et qui, en fait, est la première cause qui rend possible cette apparition. Mais cette faculté de l'intuition *a priori* ne se rapporte pas à la matière du phénomène, c'est-à-dire à ce qui est sensation en lui; car c'est la sensation qui lui donne son caractère empirique; elle ne concerne que la forme de ces sensations, l'espace et le temps.

Si l'on voulait le moins du monde mettre en doute cette théorie que l'espace et le temps sont des déterminations qui dépendent, non point des choses en soi, mais purement et simplement de leur rapport à la sensibilité, alors je serais bien aise de voir comment on pourra se figurer qu'il est possible de savoir *a priori*, et par suite avant toute connaissance des choses (c'est-à-dire avant qu'elles nous soient données), de quelle nature est cette intuition ; et c'est pourtant ici le cas de l'espace et du temps ; et cela devient au contraire tout à fait intelligible sitôt qu'on les considère comme de simples conditions formelles de notre sensibilité, et les objets comme de simples apparences ; alors en effet nous pourrons nous représenter de nous-mêmes, c'est-à-dire *a priori*, la forme des phénomènes, qui est l'intuition pure.

§ 12.

En manière d'éclaircissement et de confirmation, on peut considérer la méthode habituelle et absolument nécessaire que suivent les géomètres. Toutes les preuves qui démontrent l'égalité complète de deux figures données (c'est-à-dire que l'une peut en toutes ses parties être mise à la place de l'autre) dépendent en dernière analyse de ce fait qu'elles se recouvrent l'une l'autre; il n'y a là visiblement qu'une proposition synthétique reposant sur une intuition immédiate; et cette intuition doit être donnée pure et *a priori*. Autrement cette proposition ne pourrait pas valoir comme apodictiquement certaine; elle n'aurait au contraire qu'une certitude empirique. Elle signifierait seulement : « cela se remarque en tout temps », et cette proposition vaut dans les limites où s'est exercée notre perception sensible. L'espace total (celui qui n'est pas lui-même la limite d'un autre espace) a trois dimensions et l'espace en général ne peut avoir, lui non plus, un plus grand nombre de dimensions; c'est là une conséquence de cette proposition qu'en un point il ne peut se couper plus de trois lignes à angles droits; mais cette proposition ne peut pas se déduire de concepts; elle repose immédiatement sur une intuition et une intuition pure *a priori*, parce qu'elle est apodictiquement certaine. Si l'on peut demander qu'une ligne soit tirée à l'infini (*in infinitum*) ou qu'une série de changements (par exemple les espaces parcourus par un mobile) se continue à l'infini, c'est que l'on suppose une certaine représentation de l'espace et du temps qui ne peut dépendre que de l'intuition, en tant qu'en soi elle n'est limitée par rien : car on n'aurait jamais pu tirer cette représentation de concepts. Donc il y a au fond de la mathématique des intuitions pures *a priori* qui rendent possibles ses propositions synthétiques et apodictiques, et par suite notre déduction transcendantale des concepts dans l'espace et le temps explique en même temps la possibilité d'une mathématique pure ; car sans une déduction de ce genre, et si l'on n'acceptait pas cette vérité que « tout ce qui peut se présenter à nos sens (aux sens externes dans l'espace, au sens interne dans le temps) est perçu par nous tel qu'il nous apparait, non tel qu'il est en soi » ; on pourrait bien, à vrai dire, croire à la possibilité d'une mathématique pure, mais on ne pourrait pas la comprendre.

§ 13.

Ceux qui ne peuvent encore se dégager de l'idée que l'espace et le temps sont des qualités réelles inhérentes aux choses en soi, peuvent exercer leur pénétration sur le paradoxe suivant et lorsqu'ils en auront en vain cherché la solution, libres de préjugés au moins pour quelques instants, ils pourront soupçonner qu'il y a bien peut-être quelque raison de faire déchoir l'espace et le temps au rang de simples formes de notre intuition sensible.

Si deux choses sont absolument identiques dans tous ceux de leurs éléments qui peuvent toujours être connus chacun à part, c'est-à-dire dans toutes les déterminations relatives à la grandeur et à la qualité, il doit s'ensuivre que dans tous les cas et sous tous les rapports l'une d'elles peut être mise à la place de l'autre, sans que ce changement doive causer la moindre différence appréciable. En fait il en est ainsi des figures planes de la géométrie; mais diverses figures sphériques, malgré cette parfaite convenance intérieure, montrent cependant une telle disposition extérieure que l'une ne peut être mise à la place de l'autre : par exemple deux triangles sphériques qui dans deux hémisphères ont pour base commune un arc de l'équateur peuvent présenter une parfaite égalité de leurs côtés et de leurs angles, si bien qu'il n'y ait rien dans la description complète de l'un d'entre eux qui n'appartienne en même temps à la description de l'autre; cependant l'un ne peut pas être porté à la place de l'autre, c'est-à-dire dans l'hémisphère opposé; il y a entre les deux triangles une différence interne qu'aucun entendement ne peut indiquer comme intrinsèque, et qui n'est révélée que par le rapport extérieur dans l'espace. Mais je vais citer des cas plus familiers, empruntés à la vie commune.

Quelles choses peut-on trouver plus semblables entre elles, et plus égales en toutes leurs parties que ma main ou mon oreille d'une part, et leur image dans la glace de l'autre? Et cependant cette main, quand je la vois dans la glace, ne peut être mise à la place de son image; si c'est une main droite, son image est une main gauche, et l'image de l'oreille droite est une oreille gauche qui ne peut davantage prendre la place de la première. Il n'y a donc pas ici de différences intérieures qu'un entendement quelconque puisse seulement concevoir; et cependant ces différences sont intrinsèques autant que nous l'apprennent les sens, car cette similitude et cette égalité respective ne font pas que la main gauche puisse être enfermée entre les mêmes limites que la main droite (et coïncider avec elle), puisque le gant de l'une ne peut servir à l'autre. Quelle est donc la solution? c'est que ces objets ne sont nullement des représentations de choses en soi, telles que le pur entendement les concevrait, ce

5

sont des intuitions sensibles, c'est-à-dire des phénomènes dont la possibilité repose sur le rapport de choses inconnues en elles-mêmes, à une autre chose qui est notre sensibilité. Ainsi, l'espace est la forme de l'intuition extérieure, et toute détermination intérieure d'un espace n'est possible que par la détermination de son rapport extérieur à l'espace total, dont il est une partie (c'est-à-dire de son rapport au sens extérieur); c'est dire que la partie n'est possible que par le tout, ce qui n'est pas vrai des choses en soi comme objets de la pure raison, mais bien seulement des phénomènes. Ainsi donc cette différence entre choses qui, semblables et égales, ne peuvent cependant coïncider (par exemple entre des spirales enroulées en sens contraire) n'est rendue compréhensible par aucun concept, mais seulement par le rapport à la main droite et à la main gauche qui est du ressort immédiat de l'intuition.

REMARQUE I. — La pure mathématique et spécialement la pure géométrie ne peuvent avoir de réalité objective qu'à la condition de s'appliquer uniquement aux objets des sens. Et pour ces objets des sens, voici le principe fondamental : Notre représentation sensible ne représente pas les choses en soi, mais seulement la manière dont elles nous apparaissent. Il s'ensuit que les principes de la géométrie ne sont nullement les déterminations d'une pure création de notre fantaisie poétique, qui ne pourraient être avec certitude appliqués à des objets réels, mais qu'ils ont une valeur nécessaire par rapport à l'espace et aussi à tout ce qui peut être atteint dans l'espace, parce que l'espace n'est rien autre chose que la forme de tous les phénomènes extérieurs, sous laquelle seule les objets des sens nous peuvent être donnés. La sensibilité, dont la forme sert de fondement à la géométrie, est ce sur quoi repose la possibilité des phénomènes extérieurs, les phénomènes ne pourront donc contenir rien d'autre que ce que la géométrie leur prescrit. Il en serait tout autrement si les sens devaient nous représenter les objets tels qu'ils sont en soi. Alors, en effet, de la représentation dans l'espace que le géomètre pose *a priori* avec toutes ses propriétés comme la base de la science, il ne résulterait pas que toutes ces propriétés ainsi que les conséquences qui en découlent dussent exister précisément sous cette forme dans la nature. Et l'on devrait regarder l'espace des géomètres comme une pure fiction sans valeur objective; car on ne voit aucune nécessité à ce que les choses doivent s'accorder avec l'image que nous nous en faisons de nous-mêmes et par avance. Mais si cette image ou plutôt si cette intuition formelle est la propriété essentielle de notre sensibilité, grâce à laquelle seule les objets nous sont donnés; si de plus cette sensibilité ne représente pas des choses en soi, mais seulement leur phénomène, il est bien facile de comprendre alors, et même il est démontré de façon incontestable que tous les objets extérieurs du monde sensible doivent nécessairement s'accorder de tout point avec les propositions géométriques, parce que la sensibilité, grâce à la forme qu'elle donne aux intuitions extérieures (l'espace), forme dont s'occupe la géométrie, rend seule possibles ces objets en tant que purs phénomènes. Ce sera toujours un fait bien remarquable dans l'histoire de la philosophie qu'il ait été un temps où des mathématiciens mêmes, qui étaient aussi philosophes, se soient mis à douter non pas, il est vrai, de l'exactitude des propositions géométriques, en tant qu'elles concernent simplement l'espace, mais de la valeur objective et de l'application à la nature de ce concept d'espace et de toutes ses déterminations géométriques; ils craignaient en effet qu'une ligne dans la nature ne dût se composer d'une série de points physiques, et que par conséquent le véritable espace, celui qui est dans l'objet, dût se composer de parties simples, quoique l'espace que le géomètre a dans l'esprit ne puisse se composer de rien de semblable. Ils ne comprirent pas que c'est l'espace qui est dans notre esprit qui rend possible l'espace physique, c'est-à-dire l'extension même de la matière; qu'il n'est pas une propriété des choses en elles-mêmes, mais simplement une forme de notre représentation sensible; que tous les objets dans l'espace sont de purs phénomènes, c'est-à-dire non pas des choses en soi, mais des représentations de notre intuition sensible; et qu'enfin puisque l'espace, tel que se le représente le géomètre, est précisément la forme de l'intuition sensible que nous trouvons en nous *a priori* et qui contient quant à leur forme le fondement de la possibilité de tous les phénomènes extérieurs, ces phénomènes doivent s'accorder nécessairement et de la manière la plus précise avec les propositions du géomètre qui ne les tire d'aucun concept imaginé, mais du fondement subjectif de tous les phénomènes extérieurs, c'est-à-dire de la sensibilité même. De cette façon et de cette façon seule, le géomètre peut résister à toutes les chicanes d'une métaphysique superficielle sur la réalité objective indubitable de ses propositions, si étranges qu'elles puissent paraître au métaphysicien qui ne remonte pas à la source même de ces concepts.

Remarque II. — Tout ce qui nous sera donné comme objet, doit nous être donné dans l'intuition. Mais notre intuition ne se produit jamais que par le moyen des sens; l'entendement n'a pas d'intuition, il n'a que la réflexion. Or comme les sens, ce qui est à présent démontré, ne nous font jamais connaître et dans aucun de leurs éléments les choses en soi, mais seulement leurs phénomènes, et comme ces phénomènes sont de pures représentations de la sensibilité, « tous les corps doivent nécessairement être regardés, ainsi que l'espace où ils se trouvent, comme de simples représentations en nous, et ils n'existent nulle part ailleurs que dans notre pensée ». Mais n'est-ce pas là l'idéalisme manifeste?

L'idéalisme consiste dans l'affirmation qu'il n'y a pas d'autres êtres que les êtres pensants : le reste des choses que nous croyons percevoir dans l'intuition ne seraient que des représentations dans les êtres pensants, et dans la réalité aucun objet extérieur n'y correspondrait. Moi, au contraire, je dis : Il y a des choses qui nous sont données comme objets de nos sens extérieurs, seulement nous ne savons rien de ce qu'ils peuvent être en eux-mêmes, nous ne connaissons que leurs phénomènes, c'est-à-dire les représentations qu'ils produisent en nous quand ils affectent nos sens.

J'admets donc sans aucun doute, qu'il y a en dehors de nous des corps, c'est-à-dire des choses qui, dans ce qu'elles peuvent être en soi, nous sont absolument inconnues, mais que nous connaissons par les représentations que leur action sur notre sensibilité fait naître en nous, et auxquelles nous attribuons la dénomination de corps, ce mot ne signifiant ainsi que le phénomène de cet objet qui nous est inconnu, mais qui n'en est pas moins réel. Peut-on bien appeler cela de l'idéalisme? C'en est justement le contraire.

Que sans compromettre l'existence réelle des choses extérieures on puisse dire d'une foule de leurs prédicats qu'ils n'appartiennent pas à ces choses en soi, mais seulement à leurs phénomènes, et qu'ils n'ont aucune existence propre en dehors de notre représentation, c'est une chose généralement admise et reconnue longtemps avant

Locke, mais surtout depuis ce philosophe. De ces prédicats font partie la chaleur, la couleur, le goût, etc. Si, pour des raisons puissantes, je regarde aussi comme de simples apparences les autres qualités des corps, celles qu'on nomme premières, l'étendue, le lieu et en général l'espace avec tout ce qui en dépend (impénétrabilité ou matérialité, forme, etc.), il n'y a pas le moindre motif à alléguer pour refuser d'admettre cette doctrine, et si l'on n'appelle pas idéaliste celui pour qui les couleurs ne sont pas les propriétés de l'objet en soi, mais simplement celles de la vue en tant qu'elles la modifient, il n'y a pas plus de raison pour nommer ma théorie idéaliste en s'appuyant simplement sur ce fait qu'à mon sentiment un plus grand nombre de propriétés, toutes les propriétés même qui constituent l'intuition d'un corps appartiennent seulement à son phénomène, car l'existence de la chose qui apparaît n'est pas pour cela supprimée comme par l'idéalisme effectif, mais on montre seulement que nous ne pouvons pas la connaître par les sens, comme elle est en soi.

Je voudrais bien savoir de quelle nature mes affirmations devraient être pour contenir un idéalisme. Sans doute il faudrait dire que la représentation de l'espace n'est pas seulement en conformité parfaite avec le rapport de notre sensibilité aux objets, car c'est ce que j'ai dit, mais qu'elle est semblable en tout à l'objet, assertion à laquelle je ne puis pas trouver plus de sens qu'à celle-ci : la sensation de rouge et la propriété du cinabre qui produit cette sensation en moi, sont semblables.

REMARQUE III. — Conséquemment, on peut facilement répondre à une objection aisée à prévoir et d'ailleurs insignifiante, à savoir que l'idéalité de l'espace et du temps transforme le monde sensible tout entier en une pure apparence.

On a commencé par gâter toute vue philosophique sur la nature de la connaissance sensible en ne faisant consister la sensibilité qu'en un mode de représentation confuse, suivant lequel nous connaîtrions toujours les choses comme elles sont, mais sans avoir la faculté d'amener tous les éléments de cette représentation à une conscience claire; nous, au contraire, nous avons montré que la sensibilité ne consiste pas dans cette différence logique de la clarté et de l'obscurité, mais dans une différence génétique de l'origine de la connaissance même, puisque la connaissance sensible ne représente pas du tout les choses comme elles sont, mais seulement la manière dont elles affectent nos sens, et ainsi que la sensibilité ne fournit à la réflexion de l'entendement que des apparences, non les choses elles-mêmes : après ce redressement nécessaire, c'est une confusion impardonnable et presque volontaire que ce reproche fait à ma théorie de transformer toutes les choses du monde sensible en une pure apparence.

Quand un phénomène nous est donné, nous sommes encore tout à fait libres de prononcer tel ou tel jugement sur ce fait pris comme point de départ. Ce phénomène dépendait des sens, mais le jugement dépend de l'entendement, et il s'agit uniquement de savoir si dans la détermination de l'objet il y a vérité ou non. La différence entre la vérité et le rêve n'est pas créée par la nature des représentations qui sont rapportées à des objets, car elles sont les mêmes de part et d'autre, elle l'est par la liaison de ces représentations suivant les règles qui déterminent la connexion des représentations dans le concept d'un objet, et en tant qu'elles peuvent coexister ou non dans une expérience. Et alors il ne dépend pas des phénomènes que notre connaissance prenne ce qui paraît pour ce qui est, c'est-à-dire l'intuition par laquelle un objet nous est donné, pour le concept d'un objet ou de son existence même, que l'entendement seul peut concevoir. Les sens nous représentent les planètes comme se mouvant tantôt en avant, tantôt en arrière, et en cela il n'y a ni erreur ni vérité, parce que tant qu'on pense qu'il n'y a là qu'un phénomène, on ne juge pas du tout encore la nature objective de leur mouvement.

Mais comme un jugement faux peut facilement se produire quand l'entendement n'évite pas avec soin de prendre pour objectif ce mode de représentation subjectif, on dit pour cette raison que les planètes paraissent rétrograder; seulement l'illusion n'est pas imputable aux sens mais à l'entendement qui seul en partant des phénomènes a charge de prononcer un jugement objectif.

De cette manière, si nous ne réfléchissions pas sur l'origine de nos représentations, et si nous allions enchaîner dans l'espace et le temps les intuitions de nos sens quel qu'en soit le contenu, selon les règles de connexion de toute connaissance dans une expérience, alors suivant que nous serions téméraires ou prudents, nous arriverions à une illusion trompeuse ou à une vérité;

ce résultat, en tout cas, ne se rapporterait qu'à l'usage que fait l'entendement des représentations sensibles et non à leur origine. Mais, si je regarde toutes les représentations sensibles avec leur forme, l'espace et le temps, comme de simples phénomènes, et ces phénomènes comme une simple forme de la sensibilité qui, en dehors d'elle, ne se trouve pas dans les objets (et je ne fais l'application de ces représentations que relativement à une expérience possible), il n'y a pas alors la moindre occasion d'erreur, il n'y a pas illusion dans l'opinion qui les tient pour de simples phénomènes; car ils n'en peuvent pas moins être correctement enchaînés dans l'expérience d'après les règles de la vérité. De cette manière, toutes les propositions de la géométrie valent pour l'espace comme pour tous les objets des sens, conséquemment au regard de toute expérience possible; que je considère l'espace comme une simple forme de la sensibilité ou comme quelque chose d'inhérent aux objets mêmes; pourtant, la première hypothèse me permet seule de concevoir *a priori* que ces propositions s'appliquent à tous les objets d'une intuition externe; autrement, tout demeure relatif à une expérience simplement possible, comme si je n'avais pas entrepris de me séparer de l'opinion commune. En effet, si j'osais, avec mes concepts d'espace et de temps, dépasser toute expérience possible, ce qui serait de toute nécessité du moment que je les donnerais pour des qualités inhérentes aux choses en soi (car, puisque les choses resteraient les mêmes en dépit de toutes les modifications de mes sens et de leur adaptation ou non-adaptation à ces choses, qui m'empêcherait malgré tout de leur appliquer avec vérité ces concepts?), alors une erreur considérable pourrait se produire, erreur reposant sur une illusion; en effet, ce qui était une condition de l'intuition des choses inhérente à ma subjectivité, et ce qui valait d'une façon assurée pour tous les objets des sens, conséquemment pour toute expérience simplement possible, je le donnerais pour universellement valable en le rapportant aux choses en soi, au lieu de le borner aux conditions de l'expérience.

Ainsi, ma doctrine de l'idéalité de l'espace et du temps est si loin de faire du monde sensible tout entier une simple illusion qu'elle est au contraire le seul moyen de garantir l'application à des objets réels d'une des connaissances les plus importantes (celle que la mathématique expose *a priori*), et d'empêcher qu'elle ne soit tenue pour une simple illusion ; car, sans cette remarque, il serait complètement impossible de décider si les intuitions de temps et d'espace, que nous n'empruntons à aucune expérience, et qui pourtant sont *a priori* dans notre représentation, ne sont pas de simples chimères que nous formons nous-mêmes, auxquelles nul objet ne correspondrait au moins d'une façon adéquate, et si par suite, la géométrie elle-même n'est pas autre chose qu'une pure illusion ; au contraire, nous avons pu démontrer la valeur irréfutable de ces intuitions au regard de tous les objets du monde sensible, et c'est précisément pour cette raison qu'ils sont de simples apparences.

En second lieu, mes principes, d'après lesquels les représentations des sens ne sont que des phénomènes, sont bien loin de détruire la vérité de l'expérience et de transformer ces représentations en une simple illusion ; ils sont, au contraire, le seul moyen de prévenir l'illusion transcendantale qui de tout temps a égaré la métaphysique, et qui par suite, l'a entraînée à des efforts puérils pour saisir des bulles de savon parce qu'on prenait pour des choses en soi les phénomènes qui ne sont pourtant que de simples représentations : de là tous ces spectacles si curieux qu'offre l'antinomie de la raison et dont je ferai mention plus loin, antinomie qui a été supprimée par cette seule observation que le phénomène, tant qu'il a son usage dans l'expérience, produit la vérité, sitôt qu'il en dépasse les bornes et devient transcendant, il n'engendre plus qu'une pure illusion.

Ainsi, comme je laisse leur réalité aux choses que nous nous représentons au moyen des sens, comme je me contente de réduire notre intuition sensible de ces choses à ne représenter dans aucun de ses éléments, pas même dans les pures intuitions d'espace et de temps, rien de plus qu'un phénomène de ces choses, et jamais leur nature en soi, il n'y a pas là d'illusion prêtée par moi à la nature, et je proteste contre tout soupçon d'idéalisme : protestation si précise et si claire qu'elle paraîtrait même superflue, s'il ne se trouvait des juges incompétents qui, capables de donner une vieille étiquette à chaque dissidence qui répudie leur opinion absurde bien que commune, ne jugeant jamais de l'esprit des dénominations philosophiques, mais s'attachant simplement à la lettre, sont prêts à mettre leurs propres imaginations à la place de concepts bien déterminés, et ainsi de les fausser et de les défigurer. Car si j'ai moi-même donné à ma théorie le nom d'idéalisme transcendantal, cela ne peut autoriser personne à le confondre avec l'idéalisme empirique de Descartes (bien que, suivant ce philosophe, ce ne fût qu'une question insoluble qui, par suite, laissait chacun libre de nier l'existence des corps, parce qu'elle ne comportait pas de réponse satisfaisante) ou avec l'idéalisme mystique et extravagant de Berkeley (pour lequel ainsi que pour d'autres chimères de la même espèce, notre critique renferme précisément l'antidote spécial). En effet, ce prétendu idéalisme qu'on m'attribuait ne concernait pas l'existence des choses (existence dont la mise en doute constitue proprement l'idéalisme suivant l'acception reçue), car ce doute ne m'est jamais venu à l'esprit, il concernait simplement la représentation sensible des choses, dont, en dernière analyse, font partie l'espace et le temps; et j'ai montré que l'espace et le temps, conséquemment tous les phénomènes en général ne sont pas des choses, mais de simples modes de représentation, et ce ne sont pas non plus des déterminations appartenant aux choses en soi. Le mot transcendantal qui, chez moi, signifie toujours un rapport de notre connaissance non pas aux choses mêmes, mais seulement à la faculté de connaître, aurait dû prévenir cette méprise. Mais j'aime mieux retirer cette dénomination avant qu'elle provoque de nouveau la même errreur, et je veux qu'on appelle mon idéalisme, idéalisme critique. Si c'est en réalité un idéalisme condamnable que de transformer les choses réelles, non les phénomènes, en de pures représentations, de quel nom doit-on appeler celui qui, au contraire, prend les pures représentations pour des choses? Je pense qu'on peut l'appeler idéalisme sommeillant, par opposition au précédent qui se nommerait délirant; tous deux doivent être repoussés par mon idéalisme transcendantal ou mieux encore par mon idéalisme critique.

DEUXIÈME PARTIE

DU PROBLÈME CAPITAL DE LA PHILOSOPHIE
TRANSCENDANTALE

COMMENT LA PHYSIQUE PURE EST-ELLE POSSIBLE ?

§ 14.

La nature est l'existence des choses en tant qu'elle est déterminée suivant des lois universelles. Si la nature devait exprimer l'existence des choses en soi, nous ne pourrions jamais la connaître ni *a priori*, ni *a posteriori*.

Ni *a priori* : en effet, comment saurons-nous ce qu'il en est des choses en soi, si ce n'est par une décomposition de nos concepts, c'est-à-dire par des propositions analytiques, puisque nous ne voulons pas connaître le contenu de notre concept (cela ressortit à son essence logique), mais ce que la réalité vient y ajouter, ce qui détermine la chose elle-même dans l'existence qu'elle a en dehors de mon concept? Mon entendement, avec les conditions sous lesquelles seules il peut lier entre elles les déterminations des choses dans leur existence, ne prescrit pas de loi aux choses elles mêmes; elles ne se règlent pas sur mon entendement; c'est à mon entendement de se régler sur elles; il faudrait donc qu'elles me fussent préalablement données, pour que je pusse en extraire ces déterminations; mais alors je ne les connaitrais pas *a priori*.

Ni *a posteriori* : une pareille connaissance de la nature des choses en soi serait encore impossible. Si l'expérience, en effet, doit m'apprendre les lois auxquelles est soumise l'existence des choses, il faut que ces lois, en tant qu'elles se rapportent aux choses en soi, leur appartiennent nécessairement même en dehors de mon expérience. Or, l'expérience m'apprend bien ce qui existe et de quelle façon; elle ne me dit jamais que cette chose doive exister nécessairement telle qu'elle est, et non autrement. Par conséquent elle ne peut jamais nous faire connaître la nature des choses en soi.

§ 15.

Cependant, nous sommes réellement en possession d'une physique pure qui présente *a priori*, et avec toute la nécessité requise pour les propositions apodictiques, les lois auxquelles la nature est soumise. Il m'est ici permis d'invoquer en témoignage la propédeutique à la science de la nature qui, sous le nom de physique générale, précéde toute physique fondée sur des principes empiriques. On y trouve, en effet, la mathématique appliquée aux phénomènes, et aussi des principes simplement discursifs (par concepts) qui constituent la partie philosophique de la connaissance pure de la nature. Seulement il y a en elle aussi plusieurs éléments qui ne sont pas complètement purs et indépendants des sources de l'expérience, comme les concepts de mouvement, d'impénétrabilité (sur lesquels repose le concept empirique de la matière), celui de l'inertie, etc., qui l'empêchent de s'appeler une science de la nature complètement pure. En outre, elle ne s'applique qu'aux objets des sens extérieurs, aussi n'y a-t-il pas exemple d'une physique générale, au sens étroit du mot, car celle-ci devrait soumettre la nature à des lois universelles, qu'il s'agisse de l'objet des sens extérieurs ou de l'objet du sens intérieur, de physique ou de psychologie. Mais précisément, au nombre des propositions fondamentales de cette physique générale, il s'en trouve quelques-unes qui ont réellement l'universalité dont nous avons besoin comme le principe que la substance demeure et subsiste, que tout ce qui arrive est toujours préalablement déterminé par une cause suivant des lois constantes, etc. Ces propositions sont réellement des lois universelles de la nature, qui ont une origine absolument *a priori*. Il existe donc en fait une physique pure, et la question se pose de savoir comment elle est possible.

§ 16.

Le mot de nature est susceptible encore d'un autre sens, qui détermine l'objet même; dans la première acception, au contraire, il exprimait seulement que les déterminations de l'existence des choses en général sont conformes à des lois. Mais la nature considérée *materialiter* est la totalité des objets de l'expérience. C'est à cette nature que nous avons affaire ici; autrement, en effet, les choses qui ne peuvent en aucun cas devenir objets d'expérience nous forceraient, si elles devaient nous être connues dans leur nature, de recourir à des concepts dont la signification ne pourrait jamais nous être donnée *in concreto* (dans n'importe quel cas d'une expérience possible); nous devrions nous faire de la nature de ces choses des concepts purs, sans qu'il fût possible de décider de leur réalité, c'est-à-dire de décider si réellement ils s'appliquent aux objets, ou s'ils ne sont que des êtres de raison. Ce qui ne peut être objet d'expérience, cela ne pourrait être atteint que par une connaissance hyperphysique, et nous avons affaire ici non pas à des connaissances de ce genre, mais à la connaissance de la nature, dont la réalité peut être établie par l'expérience, bien qu'elle soit en même temps possible *a priori* et qu'elle préexiste à toute expérience.

§ 17.

Ce qu'il y a de formel dans la nature prise dans l'acception la plus étroite du mot, c'est la conformité à des lois de tous les objets de l'expérience, et, dans la mesure où elle est connue *a priori*, leur conformité nécessaire. Il a été prouvé que les lois de la nature qui régissent les objets, si ces objets sont considérés non plus relativement à une expérience possible, mais comme des choses en soi, ne peuvent, en aucun cas, être connues *a priori*; or, nous, nous avons affaire non pas aux choses en soi (car nous laissons de côté leurs propriétés), mais simplement aux choses en tant qu'objets d'une expérience possible, et la totalité de ces objets est précisément ce que nous appelons ici Nature. Et maintenant, je demande s'il vaut mieux, lorsqu'il s'agit de la possibilité d'une connaissance *a priori* de la nature, poser le problème de cette façon : Comment est-il possible de connaître *a priori* la conformité nécessaire à des lois des choses elles-mêmes considérées comme objets d'expérience? — ou de cette autre : Comment est-il possible de connaître *a priori* la conformité nécessaire à des lois de l'expérience elle-même relativement à tous ses objets en général?

Si l'on y regarde de plus près, le problème, qu'il soit posé d'une façon ou d'une autre, n'admet pour la connaissance pure de la nature, qui est proprement le nœud de la question, qu'une seule et même solution; car les lois subjectives, qui seules rendent possible une connaissance expérimentale des choses, ont encore leur valeur pour ces choses en tant qu'objets d'une expérience possible (non pas, il est vrai, en tant que choses en soi, mais ici, ces choses en soi n'entrent pas en considération). C'est tout un par conséquent de dire : Sans cette loi, que tout fait perçu est toujours rapporté à quelque fait précédent qu'il suit selon une règle universelle, jamais un jugement de perception ne peut avoir la valeur d'une expérience, — ou bien de s'exprimer ainsi : Tout événement dont l'expérience m'informe doit avoir une cause.

Toutefois, mieux vaut choisir la première formule. En effet, puisque, d'une part, nous pouvons parfaitement avoir *a priori* et antérieurement à tous les objets donnés, connaissance des conditions qui seules rendent possible une expérience relativement à ces objets, et que, d'autre part, nous ne pouvons jamais savoir à quelles lois ces objets sont soumis en eux-mêmes, sans rapport à une expérience possible, nous n'avons pas d'autre moyen pour étudier *a priori* la nature des choses que de rechercher les conditions et les lois universelles, bien que subjectives, qui rendent seules possible une telle connaissance, en tant qu'expérience, c'est-à-dire relativement à sa simple forme, et de déterminer ensuite la possibilité des choses en tant qu'objets de l'expérience. Car, si je choisissais la seconde formule, si je cherchais les conditions *a priori* sous lesquelles une nature est possible comme objet de l'expérience, je risquerais de tomber très vite dans une méprise, de m'imaginer que j'ai à parler de la nature comme d'une chose en soi ; je m'épuiserais alors dans des efforts infinis et stériles pour chercher des lois à des choses dont aucun élément ne m'est donné.

Nous n'aurons donc affaire ici qu'à l'expérience et aux conditions universelles et données *a priori* qui la rendent possible, et d'après cela, nous déterminerons la nature, comme objet total de toute expérience possible. On me comprendra bien, je pense : je n'entends pas ici les règles pour observer une nature qui est déjà donnée ; ces règles supposent une expérience préalable ; je ne me demande pas comment nous pouvons connaître par expérience les lois de la nature, car ce ne serait pas dans ce cas des lois *a priori*, et elles ne me donneraient pas une physique pure ; mais je recherche comment les conditions *a priori* de la possibilité de l'expérience sont en même temps les sources d'où doivent être dérivées toutes les lois universelles de la nature.

§ 18.

Et tout d'abord, remarquons que, malgré le caractère empirique de tous les jugements d'expérience, c'est-à-dire, bien qu'ils aient leur fondement dans une perception immédiate des sens, il n'est pas vrai pourtant que, réciproquement, tous les jugements empiriques soient des jugements d'expérience; mais, à l'élément empirique, et en général, aux données de l'intuition sensible, doivent s'ajouter des concepts particuliers, qui ont leur origine complètement *a priori* dans l'entendement pur, et sous lesquels toute perception doit être avant tout subsumée pour être ensuite, par leur intermédiaire, convertie en expérience.

Quand les jugements empiriques ont une valeur objective, ils sont des jugements d'expérience; tant qu'ils n'ont qu'une valeur subjective, je les appelle de simples jugements de perception. Ces derniers n'ont pas besoin d'un concept de l'entendement pur, mais seulement de la liaison logique des perceptions dans un sujet pensant; mais les premiers, outre les représentations de l'intuition sensible, demandent toujours des concepts originellement créés dans l'entendement, et qui donnent précisément aux jugements d'expérience une valeur objective.

Tous nos jugements sont d'abord de simples jugements de perception; ils n'ont de valeur que pour nous, c'est-à-dire pour le sujet; plus tard seulement nous leur donnons une nouvelle relation, la relation avec un objet, et nous voulons qu'ils demeurent en tout temps valables pour nous et même pour tout le monde. Si en effet un jugement s'accorde avec un objet, tous les jugements sur le même objet s'accorderont nécessairement entre eux. Ainsi la valeur objective du jugement d'expérience n'est autre chose que la nécessité et l'universalité. Et réciproquement, quand nous trouvons une raison de donner à un jugement la nécessité et l'universalité (caractères qui ne reposent jamais sur la perception, mais sur le concept de l'entendement pur sous lequel la perception est subsumée); nous devons aussi le tenir pour objectif, c'est-à-dire y voir exprimée non pas simplement une relation de la perception au sujet, mais une propriété constitutive de l'objet; car il n'y aurait pas de raison pour que les jugements d'autrui dussent nécessairement s'accorder avec le mien, n'était l'unité de l'objet auquel tous se rapportent et avec lequel ils s'accordent, ce qui les met dans la nécessité de s'accorder aussi entre eux.

§ 19.

Ainsi la valeur objective, et l'universalité nécessaire (pour tout le monde) sont des concepts réciproques, et bien que nous ne connaissions pas l'objet en lui-même, néanmoins, quand nous attribuons au jugement une valeur universelle et par suite nécessaire, c'est la valeur objective que nous entendons par là. Sans nous instruire davantage sur ce qu'il peut être en soi, ce jugement nous fait connaître l'objet par la liaison universelle et nécessaire de perceptions données : et comme c'est le cas de tous les objets des sens, les jugements d'expérience emprunteront leur valeur objective non pas à la connaissance immédiate de l'objet (car cette connaissance est impossible), mais simplement à la condition qui donne aux jugements empiriques l'universalité qui, nous l'avons dit, ne repose jamais sur des conditions empiriques ou en général sensibles, mais sur un concept pur de l'entendement. L'objet en soi demeure toujours inconnu; mais quand le concept de l'entendement détermine comme universelle la liaison des représentations qui nous en sont données par notre sensibilité, ce rapport détermine notre perception, et le jugement est objectif.

C'est ce que nous allons expliquer : la chambre est chaude, le sucre doux, l'absinthe amère[1], voilà des jugements d'une valeur purement subjective.

Je ne prétends pas que je doive sentir toujours de même, ni les autres comme moi; ces jugements n'expriment qu'une relation de deux sensations au même sujet, c'est-à-dire à moi-même, et cela seulement dans l'état actuel de ma percep-

---

1. J'avoue que ces exemples ne sont pas des jugements de perception tels qu'ils puissent jamais devenir jugements d'expérience, quand même on y ajouterait un concept de l'entendement; car ils se rapportent uniquement à l'affection sensible que chacun reconnaît comme purement subjective, et qui ne peut être jamais attribuée à l'objet; par suite ils ne peuvent jamais non plus devenir objectifs. J'ai voulu seulement présenter un exemple d'un jugement dont la valeur est purement subjective, qui ne contient en lui rien qui puisse rendre raison d'une universalité nécessaire et d'un rapport à l'objet. On trouvera dans la remarque suivante un exemple des jugements de perception qui, par l'adjonction d'un concept intellectuel, deviennent jugements d'expérience.

tion; ils ne doivent donc pas avoir de valeur pour l'objet : ce sont ces jugements que j'appelle jugements de perception. Il en est tout autrement des jugements d'expérience : en effet ce que l'expérience m'apprend dans un concours de circonstances déterminées, elle doit nécessairement me l'apprendre toujours, et l'apprendre à chacun; et sa valeur ne se borne pas au sujet et à son état présent. J'énonce donc tous les jugements de cette espèce comme objectifs : par exemple, quand je dis : l'air est élastique, ce jugement n'est en premier lieu qu'un jugement de perception, c'est-à-dire que j'établis dans mes sens un rapport entre deux sensations. Pour pouvoir l'appeler un jugement d'expérience, j'exige que cette liaison soit soumise à une condition qui la rende universelle. Je demande par conséquent que moi-même en tout temps et que chacun comme moi unisse nécessairement la même perception dans les mêmes circonstances.

§ 20.

Nous devons donc décomposer l'expérience en général pour voir ce qui est contenu dans ce produit des sens et de l'entendement, et comment le jugement d'expérience est possible. Le fondement en est l'intuition, dont j'ai conscience, c'est-à-dire la perception qui n'appartient qu'aux sens. Le second élément en est le jugement (qui ne provient que de l'entendement). Maintenant ces jugements peuvent être de deux sortes : l'un, simple comparaison de mes perceptions dans ma conscience individuelle ; l'autre, liaison de ces perceptions dans une conscience en général. Le premier jugement est simplement un jugement de perception, et n'a rien de plus qu'une valeur subjective ; il est seulement la liaison des perceptions dans mon état interne, sans rapport à l'objet. D'où il suit que, contrairement à l'opinion commune, il ne suffit pas, pour qu'il y ait expérience, de comparer des perceptions et de les lier dans un état de conscience au moyen du jugement, car le jugement n'aurait par là ni l'universalité, ni la nécessité qui seules peuvent en faire un jugement objectif, une expérience. Il y a donc, avant que la perception puisse devenir expérience, un jugement tout différent. L'intuition donnée doit être subsumée sous un concept qui détermine la forme du jugement en général par rapport à l'intuition, qui lie dans une conscience en général les intuitions d'une conscience empirique, et qui par là donne aux jugements empiriques une valeur universelle; un tel concept est un concept pur *a priori* de l'entendement qui ne fait rien de plus que de déterminer la manière générale dont une intuition peut servir aux jugements. Soit un concept de cette sorte, par exemple le concept de cause ; il détermine l'intuition qui est subsumée sous lui, l'intuition de l'air par exemple, par rapport au jugement en général ; c'est-à-dire que le concept d'air est au concept de dilatation ce que l'antécédent est au conséquent dans un jugement hypothétique. Le concept de cause est ainsi un concept de l'entendement pur, qui est complètement distinct de toute perception possible, et qui ne sert qu'à déterminer la représentation qui lui est soumise, par rapport au jugement en général, et à rendre en même temps possible un jugement qui ait une valeur universelle.

Avant donc qu'un jugement de perception puisse devenir un jugement d'expérience, il est nécessaire que la perception soit subsumée sous un tel concept de l'entendement ; par exemple : l'air est soumis au concept de cause qui détermine comme hypothétique le jugement prononcé à son sujet par rapport à l'expansion [1]. C'est pourquoi

---

[1]. Pour avoir un exemple plus facile à saisir, qu'on prenne le suivant : Quand le soleil donne sur la pierre,

cette expansion n'est pas représentée comme appartenant seulement à ma perception de l'air dans mon état de conscience actuel, ou dans plusieurs de mes états, ou dans l'état de conscience des autres, mais elle est représentée comme lui appartenant nécessairement; et ce jugement : l'air est élastique, acquiert une valeur universelle et devient enfin un jugement d'expérience, par ce fait que des jugements déterminés précèdent, qui subsument l'intuition de l'air sous le concept de cause et d'effet, qui par suite déterminent les perceptions, non seulement entre elles dans le sujet, mais même sous le rapport de la forme du jugement en général (c'est ici le jugement hypothétique) et qui de la sorte rendent universel le jugement empirique.

Si l'on décompose tous les jugements synthétiques en tant qu'ils ont une valeur objective, on

---

la pierre s'échauffe. Ce jugement est un simple jugement de perception et ne contient aucune nécessité, quel que soit le nombre de fois que moi, et les autres aussi, nous ayons perçu ce fait; les perceptions ne se trouvent ainsi liées qu'habituellement. Mais si je dis : le soleil échauffe la pierre, à la perception s'ajoute le concept intellectuel de la cause. Il enchaîne nécessairement le concept de la lumière solaire et celui de la chaleur, et le jugement synthétique devient nécessaire et universel; par suite il devient objectif, et de perception se transforme en expérience.

trouve qu'ils ne consistent jamais dans de simples intuitions, liées, comme on le croit généralement, par comparaison dans un jugement, mais qu'au contraire ils seraient impossibles s'il ne s'ajoutait aux concepts tirés de l'intuition, un concept pur de l'entendement sous lequel ces concepts ont été subsumés, et par lequel ils ont été liés alors dans un jugement objectivement valable. Même les jugements de la mathématique pure, dans ses axiomes les plus simples, n'échappent pas à cette condition. Ce principe : la ligne droite est le plus court chemin d'un point à un autre, suppose que la ligne est subsumée sous le concept de grandeur, qui certainement n'est pas une simple intuition, mais qui, au contraire, a son siège dans le seul entendement et sert à déterminer l'intuition de la ligne au regard des jugements qui peuvent en être portés sous le rapport de leur quantité, c'est-à-dire de la pluralité (*judicia plurativa*)[1], puisque l'on entend par

---

[1]. C'est le nom que j'aimerais voir donner aux jugements qu'on appelle en logique « particularia », car cette dernière expression contient déjà l'idée qu'ils ne sont pas universels. Mais si je pars de l'unité (dans des jugements singuliers) et si je m'élève à la totalité, je ne puis pas encore introduire un rapport à la totalité; je ne pense qu'à la multiplicité sans totalité, je ne pense pas à l'exclusion de la totalité. Cette distinction est nécessaire, si les

ces jugements que dans une intuition donnée il y a une multiplicité homogène.

§ 21.

Ainsi pour établir la possibilité de l'expérience en tant qu'elle repose sur les concepts *a priori* de l'entendement pur, nous devons tout d'abord présenter dans une table complète ce qui appartient à la fonction du jugement en général, et les différents moments que parcourt l'entendement lorsqu'il juge; car les concepts de l'entendement pur leur seront maintenant parallèles, puisque ce sont simplement des concepts d'intuitions en général dans la mesure même où les intuitions sont déterminées par rapport à l'un ou à l'autre des moments du jugement en soi, déterminées par suite d'une façon nécessaire et universelle. Par là aussi les principes *a priori* de la possibilité de toute expérience comme connaissance empirique d'une valeur objective, se trouvent très exactement déterminés. Car ils ne sont pas autre chose que des propositions qui subsument toute

---

moments logiques doivent être soumis aux concepts de l'entendement pur. Dans l'usage logique on peut conserver l'ancienne terminologie.

perception (conformément à certaines conditions universelles de l'intuition) sous ces concepts purs de l'entendement.

TABLE LOGIQUE DES JUGEMENTS.

1. Selon la quantité.	2. Selon la qualité.	3. Selon la relation.	4. Selon la modalité.
Universels.	Affirmatifs.	Catégoriques.	Problématiques.
Particuliers.	Négatifs.	Hypothétiques.	Assertoriques.
Singuliers.	Infinis.	Disjonctifs.	Apodictiques.

TABLE TRANSCENDANTALE DES CONCEPTS D'ENTENDEMENT.

1. De quantité.	2. De qualité.	3. De relation.	4. De modalité.
Unité (la mesure).	Réalité.	Substance.	Possibilité.
Pluralité (la grandeur).	Négation.	Cause.	Existence.
Totalité (le tout).	Limitation.	Réciprocité.	Nécessité.

TABLE PHYSIQUE PURE DES PRINCIPES UNIVERSELS DE LA SCIENCE DE LA NATURE.

1. Axiomes de l'intuition.	2. Anticipations de la perception.	3. Analogies de l'expérience.	4. Postulats de la pensée empirique en général.

Pour embrasser d'un seul regard tout ce qui précède, il est avant tout nécessaire de rappeler au lecteur qu'il s'agit ici non point de l'origine, mais du contenu de l'expérience. De ces deux problèmes le premier ressortit à la psychologie empirique; encore ne pourrait-elle jamais lui donner le développement qu'il exige sans le second qui ressortit à la critique de la connaissance et en particulier à celle de l'entendement.

Or l'expérience se compose d'intuitions qui appartiennent à la sensibilité, et de jugements qui sont l'œuvre de l'entendement seul. Mais il s'en faut encore de beaucoup que les jugements tirés par l'entendement des seules intuitions sensibles soient des jugements d'expérience. Car ces premiers jugements ne feraient que lier les perceptions telles qu'elles sont données dans l'intuition sensible, les derniers au contraire doivent exprimer ce que contient l'expérience en général, et non la simple perception dont la valeur est purement subjective. Par conséquent, à l'intuition sensible et à la liaison logique de ses éléments, après qu'elle a acquis par voie de comparaison une extension universelle, le jugement d'expérience a pour mission d'ajouter, dans un jugement, quelque chose qui détermine le jugement synthétique comme valable d'une façon nécessaire et par suite universelle, et ce quelque chose ne peut être que le concept qui représente l'intuition comme déterminée en elle-même par rapport à une forme de jugement et non à une autre, c'est-à-dire à un concept de l'unité synthétique des intuitions qui ne peut être représentée que par une fonction logique donnée des jugements.

§ 22.

En résumé, l'affaire des sens est l'intuition, celle de l'entendement, la pensée. Mais penser, c'est unir des représentations en une conscience. Cette union se produit, ou bien relativement au seul sujet, elle est alors accidentelle et subjective, ou bien absolument, elle est alors nécessaire ou objective. L'union des représentations en une conscience est le jugement. Penser, c'est donc exactement juger, ou rapporter des représentations à des jugements en général. Par suite, les jugements sont purement subjectifs, si les représentations ne sont rapportées qu'à une conscience dans un sujet et réunies en lui; ils sont objectifs si elles sont réunies dans une conscience en général, c'est-à-dire d'une façon nécessaire. Les moments logiques de tous les jugements sont autant de façons possibles d'unir des représentations dans une conscience. Mais précisément, s'ils servent eux-mêmes de concepts, ce sont des concepts de l'union nécessaire des représentations dans une conscience, ce sont des principes de jugements qui ont une valeur objective. Cette union dans une conscience est ou bien analytique, par l'identité, ou bien synthétique, par la composition et l'addition des représentations différentes les unes avec les autres. L'expérience consiste dans la liaison synthétique des phénomènes (perceptions) dans une conscience, en tant que cette liaison est nécessaire. Il faut donc regarder comme concepts de l'entendement pur, les concepts sous lesquels toutes les perceptions doivent être subsumées avant de pouvoir servir aux jugements d'expérience qui représentent l'unité synthétique des perceptions avec une valeur nécessaire et universelle [1].

---

[1]. Mais comment accorder ce principe que des jugements d'expérience doivent enfermer la nécessité dans la synthèse des perceptions, sur lequel j'ai tant insisté, avec cet autre principe que l'expérience, comme connaissance *a posteriori*, ne peut fournir que des jugements contingents? Quand je dis que l'expérience m'apprend quelque chose, je ne désigne jamais ainsi la perception qu'elle contient; par exemple : à l'éclairement de la pierre par le soleil succède la chaleur; et ainsi le principe d'expérience est comme tel toujours contingent. Mais que l'échauffement de la pierre résulte nécessairement de son éclairement par le soleil, c'est ce qui est contenu dans le jugement d'expérience (à l'aide du concept de cause), mais sans que ce soit l'expérience qui me l'enseigne. Tout au contraire, l'expérience est précisément créée par cette addition du concept de l'entendement (la cause) à la per-

§ 23.

Des jugements, en tant qu'ils sont considérés simplement comme la condition de la liaison de représentations données dans une conscience, sont des règles. Ces règles, en tant qu'elles représentent la liaison comme nécessaire, sont des règles *a priori*, et en tant qu'il n'y en a pas de supérieures d'où elles soient dérivées, des principes fondamentaux. Et puisque, par rapport à la possibilité de toute expérience, si l'on y considère purement la forme de la pensée, ces jugements d'expérience n'ont besoin d'aucune condition en dehors de celles qui soumettent les phénomènes, selon les différentes formes de leur intuition, à des concepts de l'entendement pur, et qui donnent au jugement empirique sa valeur objective; ils sont bien les principes fondamentaux *a priori* de toute expérience possible.

Les principes fondamentaux de toute expérience possible sont en même temps des lois universelles de la nature qui peuvent être connues *a priori*. Et ainsi se trouve résolu le problème énoncé dans

---

ception. Comment la perception se prête-t-elle à cette addition? Il faut consulter la *Critique*, section du jugement transcendantal p. 137 et suiv. (trad. Barni, t. I, p. 195).

la seconde des questions qui nous occupent : Comment une physique pure est-elle possible ? En effet la forme systématique que la science exige est ici parfaitement réalisée, car en dehors de ces conditions formelles de tous les jugements en général et par conséquent de toutes les règles en général que la logique prescrit, il n'y en a pas d'autre possible ; or elles constituent un système logique, et les concepts qui, fondés sur ces règles, contiennent les conditions *a priori* pour tous les jugements synthétiques et nécessaires constituent par là un système transcendantal ; enfin les principes qui servent à subsumer sous les concepts tous les phénomènes constituent un système physique, c'est-à-dire un système de la nature, qui précède toute connaissance empirique de la nature, qui la rend d'abord possible, et qui ainsi peut être proprement appelé la science universelle et pure de la nature.

§ 24.

Le premier de ces principes physiques [1] subsume tous les phénomènes, en leur qualité

---

1. Les trois paragraphes suivants sont difficiles à comprendre si l'on n'a pas présent à l'esprit ce que la *Cri-*

d'intuitions dans le temps et l'espace, sous le concept de grandeur, et devient ainsi un principe d'application de la mathématique à l'expérience. Le second subsume ce qui est proprement empirique, je veux dire la sensation, qui signifie ce qu'il y a de réel dans les intuitions, mais ce n'est pas sous le concept de grandeur, car la sensation n'est pas une intuition qui contienne l'espace ou le temps, bien qu'elle place dans l'un et dans l'autre l'objet qui lui correspond; seulement, entre une réalité (comme une représentation sensible) et le zéro, c'est-à-dire l'absence totale d'intuition dans le temps, il y a une différence qui a une grandeur, car entre un degré donné quelconque de lumière et les ténèbres, entre tout degré de chaleur et le froid absolu, entre tout degré de pesanteur et l'absolue légèreté, entre un degré du plein dans l'espace et le vide parfait, se conçoivent toujours des degrés moindres comme l'on peut en trouver toujours entre une conscience et l'inconscience absolue (l'obscurité psychologique).

Ainsi point de perception possible qui montre

---

tique dit des principes, mais ils peuvent servir à faire comprendre l'ensemble et à faire porter l'attention sur les points essentiels.

un néant absolu ; point d'obscurité psychologique par exemple qui ne puisse être considérée comme une conscience qui est seulement dépassée par une conscience plus forte ; et ainsi dans tous les cas de la sensation. De cette façon, l'entendement peut anticiper jusqu'à des sensations qui constituent la qualité spécifique des représentations empiriques (des phénomènes) grâce à ce principe : que toutes ces représentations ont des degrés qui sont les degrés de leur réalité ; c'est là la seconde application de la mathématique (*mathesis intensorum*) à la physique.

§ 25.

Quant aux relations entre les phénomènes, même pour la seule considération de leur existence, la détermination en est non pas mathématique mais dynamique, et ne peut jamais avoir de valeur objective, ni par suite s'appliquer à une expérience, si elle n'est pas soumise d'abord à des principes *a priori*, qui en rendent possible la connaissance expérimentale. Par conséquent, des phénomènes doivent être subsumés sous le concept de substance qui est le fondement de toute détermination de l'existence, en tant que concept de la chose elle-même; d'autre part, en tant qu'ils présentent une succession, c'est-à-dire qu'ils constituent un événement, ils seront subsumés sous le concept d'effet en rapport avec sa cause ; enfin dans la mesure où la simultanéité doit être connue objectivement, c'est-à-dire par un jugement d'expérience, ils seront subsumés sous le concept de communauté (influence réciproque); et ainsi, des principes *a priori* servent de fondement à des jugements de valeur objective quoique empiriques, c'est-à-dire à la possibilité de l'expérience, en tant qu'elle doit lier dans la nature les objets sous le rapport de l'existence. Ces principes sont proprement les lois naturelles qui peuvent s'appeler dynamiques.

Enfin, aux jugements d'expérience il appartient encore de faire connaître non pas précisément l'accord et la liaison des phénomènes dans l'expérience, mais plutôt leur relation à l'expérience en général, relation qui réunit dans un concept, soit leur accord avec les conditions formelles connues par l'entendement, soit leur connexion avec les matériaux des sens et de la perception, soit même l'un et l'autre à la fois, relation qui par suite contient la possibilité, la réalité et la nécessité d'après les lois universelles de la nature, ce qui constituerait la méthodologie physique (distinction de la vérité et des hypothèses, limitation de la certitude de ces dernières).

§ 26.

La troisième table de principes fondamentaux tirée de la nature de l'entendement lui-même d'après la méthode critique, montre par elle-même sa perfection, et en cela elle l'emporte de beaucoup sur toute autre table que la méthode dogmatique, en partant des choses même, a toujours en vain essayé d'établir ou qu'elle pourrait tenter d'établir plus tard; en effet dans notre table tous les principes synthétiques *a priori* sont établis complètement et d'après un principe : la faculté de juger en général qui constitue l'essence de l'expérience dans sa relation avec l'entendement; de sorte qu'on peut être assuré qu'il n'y a pas un plus grand nombre de propositions fondamentales de cette nature (satisfaction que la méthode dogmatique ne peut jamais procurer). Cependant ce n'est pas encore là, tant s'en faut, le plus grand service que peut rendre notre table. Il faut faire attention au fondement de la preuve qui révèle la possibilité de cette connaissance *a priori* et qui soumet tous les principes fondamentaux de cette sorte à une condition qu'il ne faut jamais perdre de vue, si l'on ne veut pas que ces principes soient mal entendus et reçoivent dans l'usage une extension qui dépasse le sens originel que l'entendement leur a donné, c'est-à-dire que ces principes ne doivent contenir que les conditions d'une expérience possible en général, dans la mesure où cette expérience est soumise à des lois *a priori*. Ainsi je ne dis pas que les choses en soi comportent une grandeur, leur réalité un degré, leur existence une liaison des accidents dans une substance etc.; en effet, personne ne peut le prouver parce qu'une pareille liaison synthétique par de simples concepts, où manquent d'une part tout rapport à l'intuition sensible, d'autre part toute liaison des intuitions dans une expérience possible, est absolument impossible. La limitation essentielle des concepts, dans ces principes fondamentaux, consiste en ce fait que toutes les choses ne sont nécessairement soumises *a priori* aux conditions indiquées qu'en qualité d'objets de l'expérience.

De là et en second lieu une preuve spécifique et toute particulière de ces principes : les propositions fondamentales n'ont pas exactement rapport aux phénomènes et à leurs relations, mais à la possibilité de l'expérience, dont les phénomènes ne donnent que la matière, non la forme, c'est-à-dire aux propositions synthétiques, objectives et universelles qui distinguent précisément les jugements d'expérience des simples jugements de perception. Et s'il en est ainsi, c'est d'abord que les phénomènes considérés comme simples intuitions occupant une partie de l'espace et du temps sont soumis au concept de quantité qui fait *a priori*, d'après des règles, l'union synthétique de la diversité de ces intuitions : c'est ensuite que si l'on considère la sensation que toute perception enferme en outre de l'intuition, et qui laisse toujours une place à une diminution progressive entre son existence et son évanouissement complet qui est le zéro, la réalité du phénomène doit toujours avoir quelque degré ; et d'ailleurs cette réalité a un degré, non pas en tant que la sensation occupe une partie de l'espace et du temps [1],

---

1. La chaleur, la lumière, etc., ont un degré aussi grand dans un petit espace que dans un grand ; de même les représentations internes, la douleur, la conscience en général ne diminuent pas de degré avec le temps de leur durée. Aussi la quantité est-elle ici aussi grande dans un point et dans un moment que dans un espace ou un temps si grands qu'ils soient. Donc, s'il y a des degrés croissants de grandeur, ce n'est pas dans l'intuition elle-

mais en tant que le passage du temps vide (ou de l'espace vide) à l'existence de cette sensation n'est possible que dans le temps, et que par suite, s'il est impossible de connaitre *a priori* une sensation considérée comme qualité de l'intuition empirique par rapport à la différence spécifique qui la distingue dans les autres sensations, cependant, considérée comme quantité de la perception, elle doit, dans une expérience possible en général, se distinguer par son intensité de toute autre sensation de la même espèce. C'est donc cette démonstration qui rend avant tout possible ce qui détermine l'application de la mathématique à la nature, relativement à l'intuition sensible par laquelle cette nature nous est donnée.

Surtout le lecteur doit porter son attention sur notre façon de démontrer les propositions fondamentales qui sont mises sous le nom d'analogies de l'expérience. Car, puisque ces principes concernent non pas la production des intuitions

---

même, mais dans la simple sensation ou dans la qualité de ce qui fonde l'intuition, et ces degrés ne peuvent être considérés comme quantités que suivant un rapport de 1 à 0, c'est-à-dire par ce fait que toute sensation passe par une infinité de degrés intermédiaires jusqu'à son évanouissement, ou qu'il y a une infinité de moments d'accroissement de zéro à une sensation déterminée (*quantitas qualitatis est gradus*).

comme font ceux qui permettent l'application de la mathématique à la science de la nature, mais la liaison des existences dans une expérience ; ils ne sont autre chose que la détermination de l'existence dans le temps suivant des lois nécessaires qui seules en rendent l'existence objective, qui seules, par suite, en font une expérience ; ainsi la preuve ne porte pas sur l'unité synthétique des choses en soi, mais seulement sur celle des perceptions, et non pas à vrai dire sur leur contenu, mais seulement sur les déterminations de temps et les rapports de l'existence dans le temps suivant des lois universelles. Ces lois universelles expriment donc la nécessité de la détermination de l'existence dans le temps en général (et par conséquent suivant une règle *a priori* de l'entendement) si jamais la détermination empirique dans le temps relatif doit avoir une valeur objective, être par conséquent une expérience. Et comme ce sont ici des prolégomènes où je ne puis m'étendre davantage, je ferai seulement une recommandation au lecteur qui depuis longtemps a l'habitude de prendre l'expérience pour un assemblage purement empirique de perceptions, et qui ne songe pas que l'expérience dépasse de beaucoup le domaine de ces perceptions, en donnant une valeur universelle à des jugements empiriques, et qu'elle a besoin, pour y arriver, de l'unité de l'entendement pur qui la précède *a priori* : qu'il tienne bien compte de la différence qui sépare l'expérience d'un simple aggrégat de perceptions, et qu'il se place à ce point de vue pour juger notre façon de démontrer.

§ 27.

C'est ici le lieu de miner à fond le scepticisme de Hume.

Il affirmait, à bon droit, que nous ne concevons nullement par la raison que la causalité soit possible, c'est-à-dire qu'il soit possible de rapporter l'existence d'une chose à l'existence d'une autre chose qui est nécessairement posée par la première. J'ajoute que nous ne comprenons pas davantage le concept de substance, c'est-à-dire cette nécessité que l'existence des choses repose sur un sujet qui ne peut être lui-même prédicat d'aucune autre chose; bien plus, nous ne pouvons nullement concevoir la possibilité d'une telle chose, bien que dans l'expérience il soit possible de montrer des exemples de l'usage qu'on fait de ce concept; et du même coup cette inconcevabilité s'étend à toute communauté des choses, puisqu'il est impossible de comprendre, d'une part, comment de l'état présent d'une chose on peut rien conclure sur l'état de choses toutes différentes, extérieures à la première, et réciproquement ; d'autre part comment des substances, dont chacune a pourtant son existence propre et séparée, doivent dépendre nécessairement les unes des autres. Je suis bien loin, il est vrai, de prendre ces concepts pour de simples dérivés de l'expérience, et la nécessité que nous nous représentons en eux comme une fiction, une simple illusion dont nous leurre une longue habitude ; tout au contraire, j'ai suffisamment montré que ces concepts et les propositions fondamentales qui en découlent, sont établis, *a priori*, avant toute expérience, et qu'ils ont une exactitude objective indubitable, mais seulement par rapport à l'expérience.

§ 28.

Si donc je n'ai pas la moindre idée d'une pareille liaison des choses en soi, dans leur existence de substances, dans leur efficacité de causes, dans leurs relations mutuelles de parties qui font un tout réel, et si je puis encore moins rapporter des qualités de cet ordre à des phénomènes conçus comme phénomènes (car ces concepts ne contiennent rien qui soit dans les phénomènes, mais ce que le seul entendement en doit penser), cependant nous avons un concept d'une pareille liaison des représentations dans notre entendement, et dans les jugements en général : c'est-à-dire qu'aux représentations correspondent des jugements de trois sortes : la relation du sujet à son prédicat, celle du principe à ses conséquences, et enfin la relation mutuelle des parties qui constituent, par leur ensemble, la totalité d'une connaissance possible. De plus, nous savons *a priori* qu'à moins de considérer la représentation d'un objet comme déterminée par rapport à l'une ou l'autre de ces relations, nous ne pourrions avoir aucune connaissance qui fût valable de l'objet même; et si nous nous attachons à l'objet en soi, il ne pourrait y avoir un seul indice qui nous permît de reconnaître qu'il fût déterminé par rapport à l'une ou à l'autre de ces relations qui sont dans notre esprit, c'est-à-dire qu'il rentrât sous le concept de substance ou de cause, ou (par rapport aux autres substances) sous le concept d'action réciproque, car je n'ai aucune idée de la possibilité d'une telle liaison des existences. Mais aussi, il ne s'agit pas des choses en soi; la question est de savoir comment est déterminée la connaissance expérimentale des choses par rapport aux relations que notre esprit apporte dans les jugements en général, c'est-à-dire comment les choses en tant qu'objets de l'expérience peuvent et doivent être subsumées sous ces concepts de l'entendement. Et alors il est clair que j'aperçois parfaitement, non seulement la possibilité, mais aussi la nécessité de subsumer tous les phénomènes sous ces concepts, c'est-à-dire de les employer comme principes de la possibilité de l'expérience.

§ 29.

Pour mettre à l'épreuve le concept problématique de Hume (qui est pour lui la *crux metaphysicorum*), je veux dire le concept de cause, la logique me donne d'abord *a priori* la forme d'un jugement conditionnel en général, c'est-à-dire qui emploie une connaissance donnée comme principe et l'autre comme conséquence. La perception peut nous permettre d'atteindre une règle du rapport, suivant laquelle à un phénomène déterminé succède constamment un autre phénomène (quoique la réciproque ne soit pas vraie) et c'est le cas de me servir du jugement hypothétique et de dire par exemple : si un corps est assez longtemps éclairé par le soleil, il devient chaud. Ce n'est pas encore sans doute une nécessité de raison, ni par suite le concept de cause.

Seulement, je continue et je dis : si la proposition précédente qui exprime simplement une liaison subjective des perceptions doit devenir une proposition d'expérience, il faut qu'on en aperçoive la valeur nécessaire et universelle. Une telle proposition serait : le soleil est, par sa lumière, cause de la chaleur. La règle empirique précédente est aperçue alors comme une loi, et comme valable non seulement des phénomènes, mais de leur rapport à une expérience possible, qui a besoin de règles universellement et par suite nécessairement valables. Je comprends donc très bien le concept de cause comme un concept appartenant nécessairement à la simple forme de l'expérience, et sa possibilité comme celle d'une liaison synthétique des perceptions dans une conscience en général. Mais je n'aperçois pas la possibilité d'une chose en général comme cause, et cela parce que le concept de cause implique une détermination inhérente non aux choses, mais à l'expérience, c'est-à-dire qu'elle ne peut être qu'une connaissance objectivement valable des phénomènes et de leur enchaînement dans le temps, dans la mesure où l'antécédent peut être lié au conséquent suivant la règle des jugements hypothétiques.

§ 30.

Les concepts de l'entendement pur n'ont donc aucune signification s'ils dépassent les objets de l'expérience et sont appliqués aux choses en soi (*noumena*). Ils ne servent pour ainsi dire qu'à épeler les phénomènes afin de les lire sous forme d'expérience : les principes qui dérivent du rapport des phénomènes au monde sensible ne servent à notre entendement que pour l'expérience : en dehors d'elle, ils ne sont que liaisons arbitraires sans réalité objective, dont on ne peut connaître *a priori* la possibilité, ni confirmer ou seulement rendre intelligible le rapport aux objets par un exemple quelconque, parce que tous les exemples dérivent d'une expérience possible et que par suite les objets de ces concepts ne peuvent être atteints ailleurs que dans une expérience possible.

Cette solution complète du problème de Hume, contraire sans doute à son attente, conserve donc aux concepts de l'entendement pur leur origine *a priori*, et aux lois universelles de la nature leur valeur comme lois de l'entendement, en limitant cependant leur usage à l'expérience, parce que leur possibilité n'a son fondement que dans le rapport de l'entendement à l'expérience, et en dérivant l'expérience de ces lois, non ces lois de l'expérience; Hume ne s'est jamais avisé de cette inversion dans la liaison de l'expérience et de ses lois. Toutes ces réflexions nous amènent au résultat suivant : tous les principes synthétiques *a priori* ne sont rien de plus que les principes d'une expérience possible, et ne peuvent jamais être appliqués aux choses en soi, mais seulement aux phénomènes comme objets de l'expérience. Donc la mathématique pure aussi bien que la physique pure ne peut jamais atteindre que de simples phénomènes et ne peut représenter que ce qui rend une expérience en général possible, ou ce qui peut nécessairement être toujours représenté dans une expérience possible, comme une conséquence de ces principes.

§ 31.

Ainsi nous possédons enfin quelque chose de déterminé, une position ferme en face de toutes les entreprises métaphysiques qui ont décidé de tout sans distinction, hardies suffisamment, mais toujours aveugles. Les penseurs dogmatiques n'ont jamais eu l'idée que le but de leurs efforts dût être si vite fixé, pas même ceux qui, fiers de leur soi-disant droite raison, à l'aide de concepts et de principes de la raison pure, légitimes sans doute et naturels, mais déterminés pour le seul usage expérimental, se répandaient en considérations auxquelles ils ne connaissaient et ne pouvaient connaître de bornes déterminées, parce qu'ils n'avaient jamais réfléchi, parce qu'ils ne pouvaient jamais réfléchir à la nature et même à la possibilité d'un tel entendement pur.

Plus d'un naturaliste de la raison pure (et par cette expression, j'entends un homme qui se croit capable de décider des choses métaphysiques, en se passant de toute science) serait tenté de prétendre que le principe entouré ici de tant de préparations ou, s'il aime mieux, de tant de pompe, de pédantisme et de prolixité, la divination de son bon sens en avait eu non seulement le soupçon mais encore la connaissance et l'intelligence : je veux parler de ce principe que toute notre raison ne nous permet pas de dépasser le champ des expériences. Mais seulement, si, interrogé peu à peu sur ses principes rationnels, il est obligé de reconnaître qu'il y en a beaucoup qu'il n'a point tirés de l'expérience? qui en sont par suite indépendants et ont une valeur *a priori,* par quel moyen, pour quelle raison voudra-t-il renfermer le philosophe dogmatique et se renfermer lui-même dans des limites, alors que l'usage qu'ils font de ces concepts et de ces principes dépasse toute expérience possible, et par cette raison même que la connaissance en est indépendante de l'expérience? Même cet adepte du bon sens n'est pas si sûr, en dépit de sa prétendue sagesse acquise à peu de frais, de ne point dépasser sans s'en douter les objets de l'expérience pour tomber dans le champ des imaginations. Tout au contraire, il y est assez profondément empêtré, bien que la forme populaire de son langage qui présente tout comme vraisemblance, conjecture rationnelle, analogie, donne quelque vernis à ses vaines prétentions.

§ 32.

Déjà, aux temps les plus reculés de la philosophie, ceux qui scrutaient la raison pure ont atteint par la pensée, en dehors des êtres sensibles ou des apparences phénoménales (*phœnomena*) qui constituent le monde des sens, certains êtres intelligibles (*noumena*) qui constituent le monde de l'intelligence, et comme, par une confusion bien pardonnable à cet âge de civilisation rudimentaire, ils ne distinguaient pas l'apparence phénoménale d'une apparence illusoire, ils n'accordaient de réalité qu'au monde de l'intelligence.

En réalité, si nous ne voyons, comme il est juste, dans les objets des sens que de simples phénomènes, nous reconnaissons aussi par là que les phénomènes ont un fondement qui est une chose en soi; bien que nous n'en puissions nullement saisir la nature intime, mais seulement sa manifestation phénoménale, c'est-à-dire la façon dont nos sens sont affectés par ce quelque chose que nous ne connaissons pas. L'intelligence donc, par cela même qu'elle reçoit en elle des phénomènes, reconnait aussi l'existence de choses en soi ; et de la sorte, nous pouvons dire que la représentation de pareils êtres qui sont le fondement des phénomènes, c'est-à-dire de purs êtres intelligibles, n'est pas seulement légitime, mais inévitable.

Notre déduction critique n'exclut nullement des choses de cet ordre (*noumena*), au contraire elle ne fait que limiter les principes fondamentaux de l'analytique, en ce sens qu'ils ne peuvent pas s'étendre à toutes choses, car ce serait transformer toute chose en phénomène pur, mais qu'ils ne seront jamais valables que pour les objets d'une expérience possible. Ainsi les êtres intelligibles sont légitimes sous la condition expresse de cette règle, qui ne souffre pas une exception, que nous ne savons, que nous ne pouvons savoir absolument rien qui soit déterminé de ces êtres intelligibles, parce que les concepts de l'entendement pur, de même que les pures intuitions, ne peuvent pas se rapporter à autre chose qu'aux objets de l'expérience possible, c'est-à-dire simplement aux êtres sensibles, et sitôt qu'on s'en écarte, il ne reste plus à ces concepts la moindre signification.

§ 33.

Il y a une sorte de séduction perfide dans nos concepts de l'entendement pur qui nous invitent à un usage transcendant : c'est ainsi que j'appelle l'usage qui dépasse toute expérience possible. C'est que non seulement nos concepts de substance, de force, d'action, de réalité, etc., sont complètement indépendants de l'expérience, sans renfermer jamais un phénomène sensible et que par suite ils semblent se rapporter en réalité aux choses en soi (*noumena*); mais, ce qui fortifie encore cette présomption, ils contiennent une nécessité de détermination interne qui n'a point de semblable dans l'expérience. Le concept de cause contient une règle suivant laquelle, à un état déterminé, un autre succède nécessairement; mais l'expérience peut seulement nous présenter cette succession de deux états d'une chose comme fréquente et au plus haut degré comme commune, elle ne peut jamais nous fournir, ni d'universalité, ni de nécessité au sens étroit du mot, etc.

C'est pourquoi les concepts intellectuels semblent avoir beaucoup plus de signification et de contenu, bien loin que le simple usage expérimental puisse en épuiser la fonction totale, et ainsi l'intelligence se construit sans s'en douter à côté de l'édifice de l'expérience une annexe plus grande encore, qu'elle remplit de purs êtres de pensée, sans remarquer une seule fois qu'avec des concepts d'ailleurs exacts elle a dépassé la limite où ils peuvent servir.

§ 34.

Il y avait donc à faire deux recherches importantes, indispensables, malgré leur extrême aridité; elles ont été faites (*Critique*, p. 137 et 235) [*]; la première (*Critique*, p. 137) a montré que les sens ne fournissaient pas les concepts de l'entendement pur *in concreto*, mais seulement le schème pour l'usage pratique de ces concepts, et que l'objet qui leur était conforme ne se rencontrait que dans l'expérience, tirée par l'intelligence de la matière que lui apporte la sensibilité. La seconde recherche (*Critique*, p. 235) a montré que les concepts et les principes de l'entendement pur, en dépit de leur indépendance à l'égard de l'expérience, en dépit même de la grande extension que leur usage comporte en apparence, ne

[*] Trad. Barni, t. I, p. 195 et 304.

nous permettent cependant de rien penser en dehors du champ de l'expérience; parce qu'ils ne peuvent faire autre chose que de déterminer simplement la forme logique du jugement par rapport à des intuitions données : or, comme il n'y a absolument aucune intuition en dehors du champ de la sensibilité, ces concepts sont absolument dépourvus de signification, car il ne peut plus y avoir un moyen de les représenter *in concreto*; par suite, tous les *noumena*, ainsi que leur ensemble qui est le monde intelligible [1], ne sont rien que la représentation d'un problème dont l'objet est bien possible, mais dont la résolution est, d'après la nature de l'intelligence, complètement impossible, puisque l'intelligence a la faculté non pas d'avoir une intuition, mais simplement de lier les intuitions données pour en faire une expérience, que l'intuition doit contenir

---

[1]. Et non point monde intellectuel, qui est l'expression ordinaire. Intellectuel se dit des connaissances acquises par l'intelligence, et s'applique par suite à notre monde sensible; mais intelligible se dit des objets qui ne peuvent être représentés que par l'intelligence et auxquels pas une de nos intuitions sensibles ne peut se rapporter. A cet objet doit pourtant correspondre une intuition possible, quelle qu'elle soit, et alors il faudrait concevoir une intelligence qui aurait l'intuition immédiate des choses : mais nous n'avons pas la moindre idée d'une telle intelligence, ni par suite des êtres intelligibles, objets de cette intelligence.

tous les objets auxquels s'appliqueront nos concepts, et que sans elle, tous les concepts qui par eux-mêmes ne peuvent renfermer d'intuitions, demeureraient sans signification.

§ 35.

On peut pardonner peut-être à l'imagination de divaguer parfois, c'est-à-dire de ne pas se maintenir soigneusement dans les limites de l'expérience, car la liberté d'un pareil élan lui donne du moins plus de vie et plus de force; et il sera toujours plus facile de tempérer sa hardiesse que de secouer son inertie. Mais que l'intelligence qui doit penser divague au lieu de penser, c'est une faute qu'on ne peut jamais lui pardonner; car c'est à elle seule qu'on peut avoir recours pour limiter, lorsqu'il en est besoin, les divagations de l'imagination.

Voici pourtant comment elle en arrive là très innocemment et très modestement; elle découvre d'abord les connaissances fondamentales qui sont en elle avant toute expérience, mais qui cependant doivent toujours trouver leur application dans l'expérience. Peu à peu, elle franchit ces limites; qu'est-ce qui pourrait l'en empêcher, puisque l'intelligence a pris ses principes en elle-même avec une entière liberté? et elle s'élève d'abord à ces forces naturelles, d'invention récente, ensuite à des êtres situés en dehors de la nature, en un mot à un monde pour la construction duquel les matériaux ne peuvent nous manquer, créés en abondance par une imagination féconde que l'expérience ne confirme jamais, qu'elle ne contredit jamais. C'est aussi pour cette raison que tant de jeunes penseurs aiment tant la métaphysique toute dogmatique et lui sacrifient souvent leur temps et leurs talents qui ailleurs seraient utiles. Mais il ne sert à rien de vouloir modérer ces recherches sans fruit de la raison pure en rappelant la difficulté qu'il y a à résoudre des questions si profondément cachées, en gémissant sur l'étroitesse de notre raison et en rabaissant les affirmations au niveau de simples conjectures. Car, si l'impossibilité de ces recherches n'est pas clairement établie, si la connaissance de la raison par elle-même ne devient pas une véritable science où le domaine de son usage légitime soit séparé pour ainsi dire avec une certitude géométrique de celui de son usage illégitime et stérile, ces efforts chimériques ne seront jamais complètement paralysés.

Comment la nature en elle-même est-elle possible?

§ 36.

Cette question qui marque le point le plus élevé que puisse jamais atteindre la philosophie transcendantale, et à laquelle cette philosophie doit être amenée comme à sa limite et à son achèvement, contient, à proprement parler, deux questions.

En premier lieu : comment est possible une nature au sens de nature matérielle, c'est-à-dire une nature conforme à l'intuition, l'ensemble des phénomènes? comment sont possibles l'espace, le temps, et ce qui les emplit tous deux, l'objet de la sensation en général? la réponse est : grâce à la nature de notre sensibilité, qui fait que cette sensibilité est impressionnée d'une façon toute particulière par des objets qui lui demeurent inconnus en eux-mêmes et qui sont complètement différents de leurs phénomènes. Cette réponse a été donnée dans la *Critique* elle-même, par l'esthétique transcendantale, et dans les *Prolégomènes*, par la résolution de la première question capitale.

En second lieu : comment est possible une

nature au sens de nature formelle, c'est-à-dire un ensemble de règles auxquelles tous les phénomènes doivent se soumettre pour être pensés comme liés dans une expérience? La réponse ne peut être que celle-ci : c'est seulement grâce à cette propriété de notre entendement par laquelle toutes les représentations de la sensibilité sont nécessairement rapportées à une conscience, et ainsi devient possible notre façon particulière de penser, je veux dire la pensée par règles, et par son moyen l'expérience, que l'on doit distinguer entièrement de la connaissance des objets en soi. Cette réponse a été donnée dans la *Critique* elle-même par la logique transcendantale, et dans les *Prolégomènes* au cours de la résolution de la deuxième question capitale.

Mais comment est possible cette propriété particulière de notre sensibilité elle-même ou celle de notre entendement et de l'aperception nécessaire qui en fait le fond comme elle fait le fond de toute pensée? On ne peut donner à cette question ni solution ni réponse, car nous avons toujours besoin de cette propriété pour toute réponse, pour toute pensée des objets.

Il y a beaucoup de lois de la nature que nous ne pouvons connaître qu'au moyen de l'expérience, mais la conformité a des lois dans la liaison des phénomènes, c'est-à-dire la nature en général, nous ne pouvons pas apprendre à la connaître par l'expérience; en effet l'expérience elle-même exige de pareilles lois qui sont le fondement de sa possibilité *a priori*. La possibilité de l'expérience en général est donc en même temps la loi universelle de la nature, et les principes de la première sont les lois de la seconde. Car nous ne connaissons la nature que comme l'ensemble des phénomènes, c'est-à-dire des représentations en nous, et nous ne pouvons par suite tirer les lois de leur liaison d'ailleurs que des principes de leur liaison en nous, c'est-à-dire des conditions de l'union nécessaire dans une conscience, qui constitue la possibilité de l'expérience.

La proposition capitale qui a été développée durant tout ce chapitre : on peut connaître *a priori* des lois générales de la nature, nous conduit d'elle-même à cette autre proposition : le principe suprême des lois de la nature doit nécessairement résider en nous-mêmes, c'est-à-dire dans notre entendement; et nous ne devons pas déterminer ces lois universelles en partant de la nature et au moyen de l'expérience, mais tout au contraire déterminer la nature en tant qu'elle est soumise à des lois universelles, uniquement d'après les conditions de possibilité de l'expérience qui résident dans notre sensibilité et dans notre entendement. Autrement, en effet, comment serait-il possible de connaître *a priori* ces lois, puisqu'elles ne sont nullement des règles de la connaissance analytique, mais bien de véritables extensions synthétiques de la connaissance? Un tel accord, et qui est nécessaire, entre les principes de l'expérience possible et les lois de la possibilité de la nature, ne peut se produire que pour deux raisons : ou bien ces lois sont empruntées à la nature par le moyen de l'expérience, ou tout au contraire, la nature est dérivée des conditions de la possibilité de l'expérience en général, et se confond dès lors avec la simple possibilité d'appliquer à cette expérience des lois universelles. La première de ces explications est en contradiction avec elle-même; car les lois universelles de la nature peuvent et doivent nécessairement être connues *a priori* (c'est-à-dire indépendamment de toute expérience) et servir de fondement à tout usage empirique de l'entendement : il ne reste donc que la seconde alternative [1].

1. Crusius seul connaissait un moyen terme : un esprit qui ne peut ni se tromper ni nous tromper aurait dès l'ori-

Mais il faut bien distinguer dans la nature les lois empiriques, qui supposent toujours des perceptions particulières, des lois pures ou universelles qui, sans reposer sur des perceptions particulières, ne contiennent pas les conditions de leur union nécessaire dans une expérience; par rapport à ces dernières la nature et l'expérience possible ne sont qu'une seule et même chose. Or, puisque pour la nature la possibilité d'être déterminée par des lois repose sur la liaison nécessaire des phénomènes dans une expérience (liaison sans laquelle nous ne pourrions connaître absolument aucun objet du monde sensible), puisque par suite cette possibilité repose sur les lois originelles de l'entendement, c'est un principe (et si étrangement qu'il sonne d'abord à l'oreille il n'en est pas moins certain) que l'entendement n'emprunte pas à la nature ses lois *a priori*; il les lui prescrit.

gine imprimé en nous ces lois de la nature. Mais comme des principes trompeurs s'y mêlent souvent (et le système de ce philosophe même nous en offre plus d'un exemple) l'usage d'un pareil principe, en l'absence de critères certains pour distinguer la véritable origine de la fausse, nous semble sérieusement compromis : car on ne peut jamais discerner à coup sûr ce que l'esprit de vérité ou le génie du mensonge peuvent nous avoir inspiré.

§ 37.

Nous allons expliquer cette proposition d'apparence si téméraire par un exemple destiné à montrer pour certaines lois relatives aux objets de l'intuition sensible, surtout si en les découvrant nous en avons reconnu la valeur nécessaire, que nous-mêmes nous les rangeons déjà parmi les lois que l'entendement a mises dans la nature, bien qu'elles soient d'ailleurs en tout point semblables aux lois que nous rapportons à l'expérience.

§ 38.

Quand on considère la propriété du cercle, par laquelle cette figure réunit en elle et par suite sous une loi universelle tant de déterminations arbitraires de l'espace, on ne peut s'empêcher d'attribuer une nature à cet être géométrique. Ainsi deux lignes qui se coupent l'une l'autre et coupent en même temps le cercle, dans quelque direction qu'elles soient menées, offrent une régularité telle que le rectangle qui aurait pour côtés les deux segments de l'une des lignes est égal au rectangle qui aurait pour côtés les deux segments de l'autre. Eh bien, je le demande : cette loi est-elle dans le cercle, ou est-elle dans l'entendement ? c'est-à-dire cette figure contient-elle en soi, indépendamment de l'intelligence, le fondement de cette loi, ou bien est-ce l'intelligence qui, en construisant la figure même d'après ses concepts (à savoir l'égalité des diamètres), y introduit en même temps cette loi que les cordes se coupent entre elles dans une proportion géométrique? On s'apercevra bientôt en cherchant la démonstration de cette loi, qu'elle n'a d'autre origine possible que la condition même sur laquelle l'intelligence a fondé la construction de cette figure, je veux dire l'égalité des diamètres. Mais étendons ce concept afin de suivre plus loin encore cette unité des différentes propriétés d'une figure géométrique sous des lois générales, et considérons le cercle comme une section conique, soumise par suite aux conditions qui servent de base à la construction des autres sections coniques; nous trouverons que toutes les cordes, qui se coupent à l'intérieur de ces dernières, de l'ellipse, de la parabole, de l'hyperbole, se coupent toujours de telle façon que les rectangles qui auraient leurs segments pour côté sont, non pas égaux il est vrai, mais toujours cependant dans des rapports égaux. Allons encore plus loin, pénétrons jusqu'aux doctrines fondamentales de l'astronomie physique : alors apparaît une loi physique qui s'étend à toute la nature matérielle, la loi de l'attraction réciproque, dont la règle est qu'elle s'exerce en raison inverse du carré des distances et en raison inverse également de la surface sphérique sur laquelle s'étend son action, loi qui semble être une nécessité inhérente à la nature même des choses et que par suite on présente d'ordinaire comme pouvant être connue *a priori*. Si simples donc que soient les origines de cette loi, puisqu'elles reposent uniquement sur le rapport des surfaces sphériques de différents diamètres, la conséquence en est cependant merveilleuse par rapport à la diversité de leur accord et de leur régularité : non seulement en effet tous les orbites possibles des corps célestes rentrent dans les sections coniques, mais il en résulte entre eux un tel rapport qu'aucune autre loi de l'attraction que celle du rapport inverse du carré des distances ne peut être posée par la pensée à la base d'un système du monde.

Il y a donc là une nature reposant sur des lois que l'entendement connaît *a priori*, surtout par les principes universels de la détermination de l'espace. — Eh bien, je le demande, ces lois physiques sont-elles dans l'espace, et l'entendement les apprend-il en cherchant uniquement à découvrir le sens fécond qu'elles renferment, ou au contraire résident-elles dans l'entendement et dans la façon dont il détermine l'espace d'après les conditions de l'unité synthétique, à laquelle reviennent tous ses concepts? L'espace est quelque chose de si uniforme et par rapport à toute propriété particulière de si indéterminé, que l'on ne peut certainement pas chercher en lui un trésor de lois physiques. Au contraire, ce qui détermine l'espace en forme de cercle, de cône et de sphère, c'est l'entendement, en tant qu'il contient le fondement de l'unité de la construction de ces figures. La simple forme universelle de l'intuition qui s'appelle l'espace est donc la substance de toutes les intuitions qui peuvent être déterminées par rapport à des objets particuliers, et c'est en lui que réside la condition de possibilité et de la diversité de ces intuitions; mais l'unité des objets est déterminée par l'entendement seul d'après des conditions qui résident dans sa nature propre : ainsi l'entendement est l'origine de l'ordre universel de la nature, puisqu'il embrasse tous les phénomènes sous ses propres lois et que par suite il constitue une expérience dont la forme est *a priori* et qui lui permet de soumettre nécessairement à ses lois tout ce qui peut être de connaissance empirique. Car nous n'avons pas affaire à la nature des choses en soi, qui est indépendante des conditions de notre sensibilité aussi bien que de notre entendement, mais à la nature en tant qu'objet d'expérience possible; ainsi l'entendement, en la rendant possible met en même temps le monde sensible dans l'alternative de n'être pas un objet d'expérience ou d'être une nature.

Appendice à la physique pure.

§ 39.

Du système des catégories. — Ce qu'un philosophe doit le plus vivement souhaiter, c'est de pouvoir dériver d'un principe *a priori* la multiplicité des concepts ou des principes qui d'abord dans l'usage qu'il en avait fait *in concreto* ne s'étaient présentés à lui que dispersés, et de tout réunir ainsi en une seule connaissance. Auparavant, il pouvait seulement croire que le résidu qu'il avait obtenu après une certaine abstraction et qui, par la comparaison de ses divers éléments, paraissait constituer un mode particulier de connaissance, était recueilli dans sa totalité ; mais ce n'était encore qu'un aggrégat ; maintenant il sait que ces principes, et ceux-là seuls, ni plus, ni moins, constituent la connaissance, il voit la nécessité de sa division, qui en fait véritablement une idée, il a enfin un système.

Tirer d'une connaissance générale les concepts qui ne reposent pas sur une expérience particulière et qui cependant se présentent dans toute connaissance expérimentale, dont ils constituent simplement comme la forme de liaison, c'est une œuvre qui ne supposait pas plus de réflexion ou de critique que cette autre (et en fait ces deux enquêtes ont entre elles une très proche parenté) : d'une langue donnée tirer les règles de l'usage réel des mots, et recueillir ainsi les éléments d'une grammaire, sans pouvoir toutefois expliquer pourquoi chaque langue a précisément telle propriété formelle et non telle autre, ni, à plus forte raison, pourquoi il peut s'y rencontrer un certain nombre de déterminations formelles, ni plus ni moins.

Aristote avait réuni dix concepts élémentaires purs de ce genre sous le nom de catégories [1]. A

---

1. **1.** *Substantia.* **2.** *Qualitas.* **3.** *Quantitas.* **4.** *Relatio.* **5.** *Actio.* **6.** *Passio.* **7.** *Quando.* **8.** *Ubi.* **9.** *Situs.* **10.** *Habitus.*

ces catégories, appelées aussi prédicaments, il se vit dans la nécessité d'ajouter encore cinq prédicaments [1], qui cependant étaient contenus déjà en partie dans les catégories (comme *prius, simul, motus*); mais cette rhapsodie avait plutôt la valeur d'une indication pour des investigateurs futurs, que d'une idée développée sous la forme de règle et méritant d'être adoptée; voilà pourquoi une philosophie plus éclairée l'a rejetée comme absolument inutile.

Dans la recherche des éléments purs de la connaissance humaine, c'est-à-dire qui ne contiennent rien d'empirique, j'ai réussi, après une longue réflexion, à distinguer et à séparer avec certitude les concepts élémentaires purs de la sensibilité (espace et temps) de ceux de l'entendement. Par là étaient exclues de cette liste les septième, huitième et neuvième catégories. Quant aux autres, elles ne pouvaient me servir à rien puisqu'elles n'offraient pas un principe capable de mesurer complètement l'entendement, et de déterminer dans leur nombre et avec précision toutes celles de ses fonctions qui donnent naissance à ses concepts purs.

1. *Oppositum. Prius. Simul. Motus. Habere.*

Or, pour trouver un pareil principe, je me demandai quel est l'acte d'entendement qui contient tous les autres et qui ne se différencie que par diverses modifications ou par divers moments dans la façon de soumettre à l'unité de la pensée la multiplicité des représentations ; je trouvai alors que cet acte était le jugement où j'avais déjà devant moi le travail achevé des logiciens, qui, sans être encore absolument exempt de défauts, me mettait en état de présenter une table complète des fonctions de l'entendement pur encore indéterminées par rapport à tout objet. Enfin je rapportai ces fonctions du jugement à des objets en général, ou plutôt à la condition qui donne aux jugements une valeur objective, et il en sortit de purs concepts de l'entendement, ceux-là précisément — je ne pouvais en douter — et ceux-là seulement, ni plus ni moins, qui constituaient la totalité de notre connaissance des choses par l'entendement pur. Je les appelai, comme il était juste, de leur vieux nom de catégories, et je me réservai de les compléter en y ajoutant sous le titre de prédicables, tous les concepts qui en dérivent par la liaison des concepts soit avec d'autres concepts, soit avec la forme pure du phénomène (l'espace et le temps) soit avec la matière du phénomène en tant qu'elle n'est pas encore empiriquement déterminée (l'objet de la sensation en général); ainsi était achevé un système de la philosophie transcendantale qui me permettait de n'avoir affaire désormais qu'à la critique de la raison elle-même.

Mais ce qui est essentiel dans ce système des catégories, ce qui le distingue de cette vieille rhapsodie qui procédait sans aucun principe, ce qui lui mérite enfin d'avoir seul une valeur philosophique, c'est qu'il permet de déterminer avec précision le véritable sens des concepts purs de l'entendement et la condition de leur usage. Par là il apparaît qu'elles ne sont en elles-mêmes que des fonctions logiques, et qu'à ce titre elles ne constituent pas le moindre concept d'un objet en soi, tout au contraire elles ont besoin de reposer sur l'intuition sensible; à ce prix seulement elles servent à déterminer en rapport à elles-mêmes des jugements empiriques, qui sans cela demeureraient indéterminés et indifférents à toutes les fonctions du jugement, à donner par là une valeur universelle à ces jugements et à rendre possible par leur intermédiaire les jugements d'expérience en général.

Ni le premier auteur des catégories, ni personne après lui ne s'avisa de se faire de leur nature une pareille conception qui en réduisît du même coup l'usage à la pure expérience; sans cette conception qui dépend étroitement de la dérivation et de la déduction des catégories, elles ne forment qu'une liste de mots tout à fait inutile et misérable, incapable d'en expliquer ou d'en régler l'usage. Si une idée de ce genre était jamais venue à la pensée des anciens, sans aucun doute toute l'étude de la connaissance de la raison pure, qui, sous le nom de métaphysique, a pendant tant de siècles gâté tant de bonnes intelligences, nous serait parvenue sous une tout autre forme, elle aurait éclairé l'esprit humain au lieu de l'épuiser, comme elle a fait réellement, en subtilités obscures et vaines, et ne l'aurait pas mis hors d'état de servir à la véritable science.

Ce système des catégories rend maintenant systématiques à son tour toutes les façons de manier chaque objet de la raison pure elle-même; il donne une marque infaillible, un fil conducteur qui nous apprend les procédés et les étapes nécessaires pour conduire toute réflexion métaphysique à son achèvement, car il épuise tous les moments de l'entendement auxquels tout autre concept doit être soumis. Ainsi s'est constituée la table des principes fondamentaux qui est garantie complète par le système des catégories; et c'est jusque dans la division des concepts qui doivent dépasser l'usage physique de l'entendement (*Critique*, p. 344 et 415*), toujours le même fil conducteur, qui devant toujours passer par les mêmes points fixes déterminés *a priori* dans l'entendement humain, décrit ainsi un cercle fermé; il n'y a donc plus à douter que l'objet d'un entendement pur ou d'une raison pure ne puisse être complètement connu de cette manière en tant qu'il doit être considéré philosophiquement et d'après des principes *a priori*. Aussi je n'ai pu me dispenser de faire usage de ce guide par rapport à la distinction multiple des concepts du *quelque chose* et du *rien*, et j'ai ainsi mené à terme une table nécessaire et qui fournit des règles [1] (*Critique*, p. 292**).

* Trad. Barni, t. II, p. 6 et 39.
1. Quand on a sous les yeux une table des catégories, on peut faire toute sorte de belles remarques; par exemple : 1° la troisième catégorie sort de la synthèse de la première et de la seconde en un seul concept; 2° dans la quantité et dans la qualité, il n'y a qu'un progrès de l'unité à la totalité, ou du *quelque chose* au *rien* (et à ce point de vue les catégories de la qualité doivent être ainsi disposées : réalité, limitation, négation absolue) sans les *correlata* ni les *opposita* qu'on admet au contraire dans la relation et dans la modalité; 3° de même que dans l'ordre logique le jugement catégorique est le fondement

DEUXIÈME PARTIE.

Ce système, comme tout vrai système fondé sur un principe universel trouve encore un autre usage que l'on n'apprécie pas assez : il exclut tous les concepts parasites qui sans lui pourraient se glisser parmi ces purs concepts de l'entendement, et il assigne à chaque connaissance sa place. Ces concepts que grâce encore au fil conducteur des catégories j'ai pu réunir dans une table sous le nom de concepts de réflexion, se mêlent dans l'ontologie, sans montrer leur permis et sans légitimer leurs prétentions, aux purs concepts de l'entendement, bien que ceux-ci soient des concepts de liaison, et par suite des concepts de l'objet lui-même, tandis que ceux-là, simples

de tous les autres, de même la catégorie de substance est le fondement de tous les concepts de choses réelles ; 4° de même que la modalité dans le jugement n'est pas un prédicat particulier, de même les concepts de modalité n'ajoutent pas de détermination aux choses ; etc. Des considérations de ce genre ont toutes une grande utilité. Si à tout cela on ajoute tous les prédicables qu'on peut tirer à peu près dans leur intégrité de toute bonne ontologie (par exemple celle de Baumgarten), et si on les ordonne en classes sous le nom de catégories, en les complétant par une décomposition aussi entière que possible de tous ces concepts, il en résultera une partie purement analytique de la métaphysique qui ne contient encore aucun principe synthétique et qui pourrait précéder la seconde partie (la partie synthétique) : en étant précise et complète, elle serait utile ; en étant systématique, elle serait plus encore, elle serait belle.

¹¹ Trad. Barni, t. I, p. 352.

concepts de la comparaison entre concepts déjà donnés, ont une nature et un usage tout différents ; par ma division fondée sur une loi (*Critique*, p. 260 *) ils sont séparés de ce mélange. Mais l'utilité de cette table isolée des catégories nous apparaîtra plus clairement encore, si, comme nous le ferons bientôt, nous en séparons la table des concepts transcendantaux de la raison qui ont une nature et une origine tout autres que celles de ces concepts de l'entendement, et qui par là ont aussi une autre forme. Or cette séparation si nécessaire n'a cependant jamais été faite dans quelque système de métaphysique que ce soit, et les idées de la raison sont demeurées absolument confondues avec les concepts de l'entendement comme si c'étaient des sœurs appartenant à une même famille, confusion qui n'eût jamais pu être évitée sans un système spécial des catégories.

* Trad. Barni, t. I, p. 332.

TROISIÈME PARTIE

DU PROBLÈME CAPITAL DE LA PHILOSOPHIE TRANSCENDANTALE
COMMENT UNE MÉTAPHYSIQUE EST-ELLE POSSIBLE EN GÉNÉRAL ?

§ 40.

S'il ne s'était agi que d'assurer leur certitude propre, ni la mathématique pure ni la physique pure n'auraient eu besoin d'une déduction comme celle que nous en avons faite ; de ces deux sciences, en effet, la première s'appuie sur sa propre évidence ; l'autre, tout en découlant des sources pures de l'entendement, repose sur l'expérience et sur la confirmation perpétuelle qu'elle lui demande, car elle ne peut en repousser complètement le témoignage et s'en passer, parce que toute sa certitude n'arriverait pas à lui donner philosophiquement une valeur comparable à celle des mathématiques. Ce n'était donc pas pour elles-mêmes que ces deux sciences avaient besoin d'une telle recherche, c'était pour une autre science : la métaphysique.

En dehors des concepts de la nature, qui peuvent toujours trouver leur application dans l'expérience, la métaphysique a pour objet d'une part des concepts purs de la raison qui ne sont jamais donnés dans aucune expérience possible, par suite des concepts dont l'expérience ne peut établir la réalité objective qui en fera autre chose que de pures imaginations, d'autre part des affirmations dont l'expérience ne peut davantage confirmer la vérité ou dévoiler l'erreur; or c'est précisément cette partie qui fait l'objet essentiel de la métaphysique; et par rapport à elle tout le reste n'est guère qu'un moyen. Cette science a donc besoin pour elle-même d'une pareille déduction. Ainsi la troisième question qui nous est proposée maintenant concerne le cœur de la métaphysique, son caractère distinctif, je veux dire l'application de la raison à elle-même, et à elle seule, et la soi-disant connaissance objective qui découle immédiatement de la raison couvant elle-même ses propres concepts, sans que l'intervention de l'expérience en soit une condition nécessaire ou même utile [1].

Tant qu'elle n'aura pas résolu cette question, la raison ne se satisfera pas elle-même, car l'usage expérimental auquel la raison restreint l'entendement pur, ne remplit pas complètement sa propre destination. Toute expérience particulière en effet n'est qu'une partie de la sphère totale de son domaine, or la totalité absolue de toute expérience possible n'est pas elle-même une expérience ; néanmoins elle constitue pour la raison un problème nécessaire, problème qui, ne fût-ce que pour être posé, requiert des concepts tout différents de ces concepts de l'entendement pur dont l'usage n'est qu'immanent, c'est-à-dire ne s'applique qu'à l'expérience dans la mesure même où il peut y avoir expérience, tandis que les concepts de la raison, ayant pour objet le système universel c'est-à-dire l'unité collective de toute

---

[1]. Si l'on peut dire d'une science qu'elle est réelle au moins dans l'idée de tous les hommes, dès qu'il est certain que les questions qui nous y conduisent sont présentées à chacun par la nature de la raison humaine et que par conséquent elles provoquent toujours et nécessairement de nombreuses recherches, si infructueuses qu'elles peuvent être, n'a-t-on pas également le droit de dire qu'une métaphysique subjective existe réellement et d'une façon nécessaire; par conséquent, de se demander comment cette métaphysique est possible objectivement?

l'expérience possible, dépassent toute l'expérience donnée, et sont par conséquent des concepts transcendants.

L'entendement avait besoin des catégories pour l'expérience; de même la raison renferme en elle le principe des idées; j'entends par là des concepts nécessaires dont l'objet ne peut cependant pas être donné dans l'expérience. Ces idées sont dans la nature de la raison, absolument comme les catégories sont dans la nature de l'entendement, et si elles présentent une illusion qui peut facilement égarer, cette illusion est inévitable, bien qu'il soit possible d'en prévenir la séduction.

Toute cette illusion consiste à regarder comme objectif le principe subjectif des jugements; que la raison arrive à la connaissance de soi-même dans son usage transcendant (exubérant), voilà le seul remède contre les erreurs où elle tombe quand elle s'abuse sur sa véritable destination, et qu'elle rapporte par un usage transcendant à un objet en soi ce qui ne regarde que son propre sujet et la direction de tout son usage immanent.

§ 41.

Distinguer les idées, c'est-à-dire les concepts de la raison pure, et les catégories, concepts de l'entendement pur, connaissances dont la nature, l'origine et l'usage diffèrent également, c'est une œuvre si nécessaire pour fonder une science qui renferme le système de toutes ces connaissances *a priori*, que sans elle une métaphysique est absolument impossible ou bien elle n'est tout au plus qu'une recherche indigeste, où il n'y a point de règle, où l'on ne sait point quels sont les matériaux en œuvre, et avec quelle facilité ils se prêtent, suivant tel ou tel plan, à la construction d'un château de cartes. La *Critique de la raison pure* n'eût-elle rendu que ce service d'avoir la première mis en lumière cette distinction, elle aurait déjà, par cela seul, contribué plus efficacement à éclaircir notre concept de la métaphysique et à diriger notre recherche dans son domaine que tous les efforts inutiles que l'on a tentés jusqu'ici pour donner une solution aux problèmes transcendants de la raison pure sans jamais se douter que l'on se trouvait sur un tout autre terrain que celui de l'entendement et que l'on enveloppait sous une même dénomination les concepts de l'entendement et ceux de la raison, comme s'ils étaient de même espèce.

§ 42.

Toutes les connaissances de l'entendement pur ont ceci de particulier que leurs concepts se présentent dans l'expérience et lui doivent la confirmation de leurs principes. Au contraire pour les connaissances transcendantes de la raison, ni leurs idées ne se présentent dans l'expérience, ni leurs principes n'y trouvent une confirmation ou une contradiction. Par conséquent l'erreur qui s'y glisse ne peut être découverte que par la raison pure, découverte fort difficile, car cette raison, grâce à ses idées, est naturellement dialectique, et l'apparence inévitable qu'elle produit ne peut être contenue dans ses justes limites par une recherche objective et dogmatique sur les choses, mais seulement par un examen subjectif de la raison même comme source des idées.

§ 43.

Ma grande préoccupation dans la *Critique* a toujours été d'arriver non seulement à distinguer avec soin les modes de connaissance mais encore à dériver de leur source commune tous les concepts appartenant à chacun d'eux; je voulais ainsi non seulement me mettre en mesure de déterminer leur emploi avec sûreté, grâce à la découverte de leur origine, mais encore me donner l'avantage inestimable qu'on n'aurait jamais soupçonné jusque-là, de reconnaître *a priori* et conséquemment par principes si l'énumération, la classification et la définition spécifique des concepts étaient parfaitement achevées. Autrement tout en métaphysique n'est que pure rhapsodie, et l'on n'y sait jamais si ce qu'on possède est suffisant ou s'il manque encore quelque chose et à quel endroit. A la vérité, on ne peut s'assurer cet avantage que dans la philosophie pure, car c'est ce caractère qui en fait l'essence.

Comme j'avais trouvé l'origine des catégories dans les quatre fonctions logiques de tous les jugements de l'entendement, il était tout naturel de chercher l'origine des idées dans les trois fonctions des propositions de la raison. En effet, une fois que de tels concepts de la raison pure (idées transcendantales) sont donnés, et si l'on ne veut pas les tenir pour innés, on ne peut guère les retrouver que dans cette activité de la raison qui, en tant qu'elle ne concerne que la forme, constitue l'élément logique des propositions de la raison, mais en tant qu'elle donne aux jugements d'entendement une détermination relative à l'une ou à l'autre des formes *a priori*, crée les concepts transcendantaux de la raison pure.

La différence formelle des propositions de la raison les divise nécessairement en catégoriques, hypothétiques et disjonctives. Les concepts de la raison fondés sur ces propositions contiennent donc d'abord l'idée d'un sujet complet (substantiel), en second lieu l'idée de la série complète des conditions, en troisième lieu la détermination de tous les concepts dans l'idée d'une totalité complète du possible [1]. La première idée est psychologique, la seconde cosmologique, la troi-

---

[1]. Dans le jugement disjonctif nous considérons tout le possible comme divisé par rapport à un certain concept. Le principe ontologique de la détermination universelle d'une chose en général (de tous les prédicats contradictoires possibles, il en est un qui convient à chaque chose), principe qui est en même temps celui de tous les jugements disjonctifs, a pour fondement la totalité de tous les possibles dans laquelle la possibilité de chaque chose en général est considérée comme déterminée. Ce principe sert à éclaircir un peu la proposition énoncée plus haut que la forme de l'activité de la raison dans les propositions disjonctives de la raison est la forme même par laquelle la raison pose l'idée d'une totalité, de la réalité qui contient en elle ce qu'il y a de positif dans tous les prédicats contradictoires.

sième théorique, et comme toutes trois donnent lieu à une dialectique, pourtant chacune à sa manière, il se fonde ainsi une division de toute la dialectique de la raison pure en paralogisme, antinomie et idéal de la raison pure : par cette déduction on est pleinement assuré que toutes les prétentions de la raison pure sont présentées ici dans leur totalité absolue et que pas une seule ne peut manquer, car la raison elle-même, d'où elles tirent leur origine, y trouve sa mesure entière.

§ 44.

Il y a encore dans cette considération générale ceci de remarquable qu'à l'opposé des catégories les idées de raison n'ont point d'utilité pour l'usage de l'entendement relatif à l'expérience, qu'à ce point de vue on peut tout à fait s'en passer, que même elles vont à l'encontre des maximes de la connaissance rationnelle de la nature dont elles gênent l'application, bien qu'elles soient nécessaires pour un autre but encore à déterminer. L'âme est-elle ou non une substance simple, c'est une question qui peut nous être tout à fait indifférente pour l'explication des phénomènes ; car nous ne pouvons par aucune expérience possible rendre sensible, et par suite intelligible *in concreto* le concept d'un être simple; ainsi ce concept est tout à fait vide par rapport à toute recherche qui espère pénétrer la cause des phénomènes, et ne peut servir de principe à l'explication de ce que fournit l'expérience intérieure ou extérieure. Les idées cosmologiques sur le commencement du monde ou sur son éternité (*a parte ante*) peuvent encore moins nous servir à expliquer le moindre événement du monde lui-même. Enfin nous devons d'après une juste maxime de la philosophie de la nature nous abstenir de toute explication de l'ordre de la nature tirée de la volonté d'un être suprême; car ce n'est plus faire de la philosophie de la nature, c'est avouer que nous rencontrons là le terme de notre connaissance. Ces idées ont donc une tout autre détermination de leur usage que les catégogories et que les principes fondamentaux fondés sur elles qui rendent possible l'expérience même. Cependant notre laborieuse analytique de l'entendement serait tout à fait superflue si notre regard ne s'étendait pas à autre chose qu'à la simple connaissance de la nature, telle qu'elle peut nous être donnée dans l'expérience; en effet la raison accomplit son œuvre avec sûreté et succès aussi bien dans la mathématique que dans la physique, sans le secours de toute cette subtile déduction ; donc notre critique de l'entendement s'ajoute aux idées de la raison pure pour faire dépasser à l'usage de l'entendement le cercle de l'expérience ; or nous avons dit plus haut qu'un tel usage de l'entendement serait tout à fait impossible, sans objet ou sans signification. Mais il faut pourtant qu'il y ait accord entre ce qui appartient à la nature de la raison et ce qui appartient à la nature de l'entendement ; la raison doit contribuer à la perfection de l'entendement et ne peut y jeter la confusion.

Voici la solution de ce problème : la raison pure ne se propose pas dans ses idées des objets particuliers qui dépassent le champ de l'expérience, mais elle exige seulement que l'entendement parvienne à la totalité de son usage dans l'ensemble de l'expérience. Mais cette totalité ne peut être qu'une totalité des intuitions et des objets. Toutefois pour en avoir une représentation déterminée, il est bien vrai qu'il faut se représenter cette totalité comme la connaissance d'un objet complètement déterminé par rapport aux règles de l'entendement ; mais cet objet n'est qu'une idée destinée à rapprocher autant que possible la connaissance d'entendement de la totalité que cette idée désigne.

Remarque préliminaire à la dialectique de la raison pure.

§ 45.

Nous avons montré ci-dessus (§§ 33-34) que, par cela même qu'elles sont pures de tout mélange de déterminations sensibles, les catégories ont entraîné la raison à étendre leur usage bien au delà de l'expérience jusqu'aux choses en soi, et pourtant, comme elles n'y trouvent point d'intuition qui puisse leur donner une signification et un sens *in concreto*, elles peuvent bien représenter un objet en général, comme font de simples fonctions logiques, mais elles demeurent incapables par elle-smêmes de donner de n'importe quelle chose un concept déterminé. Ainsi se forment ces objets hyperboliques que l'on nomme *noumena* ou purs êtres de raison (ou mieux êtres idéaux), par exemple une substance qui serait pensée sans persistance dans le temps, ou une cause qui agirait, en dehors du temps, etc., objets auxquels on confère des prédicats destinés seulement à rendre possible l'application de lois à l'expérience, et auxquels on enlève pourtant toutes les conditions d'intuition qui seules rendent cette expérience possible; par quoi ces concepts perdent de nouveau toute leur signification.

Mais il n'y a pas à craindre que l'entendement, de lui-même, sans y être contraint par des lois extérieures, aille, au delà de ses limites, sur le domaine des purs êtres idéaux, se perdre dans d'aussi capricieuses extravagances. Quand la raison, que l'usage expérimental des règles de l'entendement, toujours soumis à quelque condition, ne peut jamais satisfaire pleinement, exige que cette chaîne de conditions s'achève pour former un tout, c'est alors que l'entendement se jette en dehors de son cercle propre, soit pour se représenter les objets de l'expérience dans une série si étendue que l'expérience soit incapable d'y atteindre, soit en complétant cette série pour chercher, tout à fait en dehors, des noumènes auxquels elle puisse attacher la chaîne des phénomènes et qui lui permettent d'en atteindre le terme, indépendamment cette fois de toute condition expérimentale. Ainsi ce sont les idées transcendantales qui, disposées pour un but véritable sans doute, quoique caché, auquel notre raison est destinée par sa nature, et non point pour la formation de concepts absolus, mais simplement pour l'extension illimitée de l'usage expérimental, arrachent cependant à l'entendement, par une inévitable illusion, un usage transcendant qui, tout trompeur qu'il est, ne peut être contenu dans ses bornes qu'avec peine, à l'aide d'une discipline scientifique, non par la simple résolution de rester dans les limites de l'expérience.

I. Idées psychologiques.
(*Critique*, p. 341 et suiv. *)

§ 46.

Voici bien longtemps qu'on a remarqué que dans toutes les substances le sujet proprement dit, c'est-à-dire ce qui subsiste après que tous les accidents, considérés comme prédicats, ont été séparés, le substantiel lui-même par conséquent nous est inconnu, et bien des fois on a élevé des plaintes sur les bornes de notre intelligence. Mais il est à remarquer ici que si l'on peut s'en prendre à l'intelligence humaine, ce n'est point parce qu'elle ne connaît pas l'être substantiel des choses, c'est-à-dire parce qu'elle ne peut déterminer ces choses que pour elle-même, mais c'est parce que, les connaissant comme de pures idées, elle veut en faire une connaissance déterminée, analogue à

* Trad. Barni, t. II, p. 3.

celle d'un objet donné. La raison pure exige que nous cherchions à chaque prédicat d'une chose le sujet qui lui appartient, et à celui-ci qui nécessairement n'est à son tour qu'un prédicat, son sujet, et ainsi jusqu'à l'infini, ou du moins tant que nous pouvons avancer. Mais il suit de là que rien de ce que nous pouvons atteindre ne doit être tenu pour un sujet dernier et que l'être substantiel ne pourrait jamais être pensé par notre entendement si profondément qu'il pénétrât, alors même que la nature entière lui serait découverte, parce que la nature spécifique de notre entendement est de penser tout discursivement, c'est-à-dire encore par de purs prédicats auxquels en conséquence le sujet absolu doit toujours faire défaut. Ainsi toutes les propriétés réelles par lesquelles nous connaissons les corps sont de purs accidents, toutes jusqu'à cette impénétrabilité même que l'on ne doit toujours se représenter que comme l'effet d'une force dont le sujet nous échappe.

Mais il semble que, dans la connaissance de nous-même, dans le sujet pensant, nous atteignions cet être substantiel à l'aide d'une intuition immédiate : car tous les prédicats du sens intérieur se rapportent au moi considéré comme sujet, et ce moi ne peut plus être pensé comme le prédicat de quelque autre sujet. Ainsi l'expérience elle-même semble nous livrer à l'état parfait et complet la relation des concepts posés comme prédicats à un sujet qui n'est pas une pure idée, mais qui est l'objet, le sujet absolu. Seulement cette attente est trompée. Car le moi n'est pas un concept[1]; c'est seulement la façon dont nous désignons l'objet du sens intérieur, quand nous cessons de le connaître par un prédicat; par suite il est bien vrai que par lui-même il n'est le prédicat d'aucune autre chose, mais il n'est pas davantage le concept déterminé d'un sujet absolu; ce n'est, comme dans les autres cas, que le rapport des phénomènes intimes à leur sujet inconnu. Toutefois cette idée (qui cependant a cette utilité qu'en sa qualité de principe régulateur elle réduit à néant toutes les explications matérialistes des phénomènes intimes de l'âme) par une méprise toute naturelle donne occasion à un argument très spécieux qui conclut de cette prétendue con-

---

1. Si la représentation de l'aperception, le moi, était un concept où quelque chose serait pensé, il pourrait être employé comme prédicat d'autres choses, ou renfermerait en lui de semblables prédicats. Mais ce n'est en réalité rien de plus que le sentiment d'une existence, sans aucune espèce de concept, ce n'est que la représentation de ce à quoi se rapporte tout acte de pensée (*relatione accidentis*).

naissance de la réalité substantielle de notre être pensant à sa nature, alors même que la connaissance de cette nature dépasse l'ensemble de l'expérience.

§ 47.

Ce moi pensant (l'âme), comme dernier sujet de la pensée, qui ne peut plus lui-même être représenté comme prédicat d'une autre chose, peut prendre le nom de substance. Mais ce concept reste absolument stérile si l'on ne peut en démontrer la persistance, qui seule dans l'expérience rend fécond ce concept de substance.

Or la preuve de cette persistance ne peut jamais être faite à l'aide du concept d'une substance, considérée comme chose en soi, mais seulement en vue de l'expérience. C'est ce qui a été suffisamment démontré dans la première analogie de l'expérience (*Critique*, p. 182[*]), et si l'on ne veut pas se rendre à cette démonstration, on pourra soi-même essayer si l'on réussit à tirer du concept d'un sujet, qui ne devient pas lui-même le prédicat d'une autre chose, la preuve que son existence est absolument permanente et qu'il ne peut naître ou périr par lui-même ni par n'importe

[*] Trad. Barni, t. I, p. 242.

quelle cause naturelle. De semblables propositions synthétiques *a priori* ne peuvent jamais être prouvées en elles-mêmes; mais seulement par rapport à des choses conçues comme objets d'expérience possible.

§ 48.

Si donc nous voulons, du concept de l'âme considérée comme substance, conclure à sa persistance, cette déduction n'a de valeur qu'en vue d'une expérience possible, elle ne vaut pas pour l'âme considérée comme chose en soi, indépendamment de toute expérience possible. Or, pour nous, la condition subjective de toute expérience possible, c'est la vie et par suite c'est seulement dans les limites de la vie qu'on peut conclure à la persistance de l'âme; car la mort de l'homme c'est la fin de toute expérience relative à l'âme considérée comme objet d'expérience, à moins que l'on n'ait prouvé le contraire, ce qui est précisément en question. Ainsi l'on peut démontrer que l'âme persiste dans les limites de la vie humaine (on nous en accordera sans doute la démonstration) mais non pas après la mort (ce qui précisément est notre problème); et cela en vertu d'un principe universel, car en tant qu'il doit être considéré comme lié nécessairement au concept de persistance, le concept de substance ne peut l'être que d'après un principe de l'expérience possible, et par suite, seulement en vue de cette expérience [1].

[1]. C'est un fait très remarquable que les métaphysiciens aient longtemps glissé avec tant d'insouciance sur le principe de la persistance des substances, sans jamais en chercher une preuve; la raison en est sans doute que, dès qu'ils avaient affaire au concept de substance, ils se voyaient dépourvus de tout moyen de démonstration. Le sens commun, qui sentait bien que, sans cette supposition, il ne pouvait y avoir de liaison des perceptions dans une expérience, a comblé cette lacune par un postulat; car l'expérience elle-même ne pouvait pas lui apporter ce principe, soit parce qu'il ne pouvait suivre les corps (substances) dans toutes leurs transformations et toutes leurs décompositions assez loin pour retrouver la matière toujours conservée dans son intégrité, soit parce que ce principe enferme la nécessité qui est toujours la marque d'un principe *a priori*. Les métaphysiciens ont donc avec confiance appliqué ce principe au concept de l'âme considérée comme substance, et en ont conclu sa persistance nécessaire après la mort de l'homme (surtout parce que la simplicité de cette substance, déduite de l'indivisibilité de la conscience, les assurait contre les dangers d'une destruction par décomposition). S'ils avaient trouvé la véritable source de ce principe, — découverte qui demandait des recherches bien plus profondes que celles qu'ils ont jamais eu l'envie de faire, — ils auraient vu que cette loi de la persistance des substances n'a de valeur qu'en vue de l'expérience et ne peut jamais s'appliquer aux choses qu'en tant qu'elles doivent être connues et unies les unes aux autres dans l'expérience, mais jamais aux choses en soi indépendamment de toute expérience possible, ni par suite à l'âme après la mort.

§ 49.

Qu'à nos perceptions extérieures une réalité extérieure à nous non seulement corresponde en fait, mais doive même nécessairement correspondre, c'est là encore une loi que l'on ne peut jamais établir en vertu d'une liaison entre les choses en soi, mais là encore en vue de l'expérience. Voici ce que j'entends par là : On peut bien prouver que quelque chose existe en dehors de nous d'une existence empirique et par suite en tant que phénomène dans l'espace : car alors nous n'avons pas affaire à d'autres objets qu'à ceux d'une expérience possible : d'autres objets en effet ne pourraient nous être donnés dans aucune expérience et par suite ils ne sont rien pour nous. Or c'est une existence empirique et extérieure que celle des objets dont l'intuition est donnée dans l'espace; l'espace, en effet, avec tous les phénomènes qu'il contient, rentre dans cet ordre de représentations qui doivent la preuve de leur vérité objective à leur liaison d'après les lois de l'expérience; c'est ainsi que par exemple la réalité de mon âme considérée comme objet du sens intérieur se démontre par la liaison des phénomènes du sens intérieur. Il en résulte que, par le moyen de l'expérience externe, je suis certain de la réalité des corps comme phénomènes extérieurs dans l'espace, tout aussi bien que par le moyen de l'expérience interne je suis certain de l'existence de mon âme dans le temps, car je ne puis connaître mon âme, elle aussi, que comme un objet du sens intérieur manifesté par des phénomènes qui constituent un état interne, mais dont l'essence en soi, fondement de ces phénomènes, est inconnue. L'idéalisme cartésien distingue donc simplement l'expérience externe de l'état de rêve, l'application des lois, critérium de la vérité de l'une, de l'absence de lois et de l'apparence trompeuse de l'autre. Il suppose dans les deux cas l'espace et le temps comme conditions de l'existence des objets, et il se demande seulement si, de même que l'objet de notre sens interne, l'âme, est réellement dans le temps, on peut aussi réellement saisir dans l'espace les objets des sens externes que nous y plaçons dans l'état de veille ; il se demande en d'autres termes si l'expérience contient en elle des critères certains qui la distinguent de l'imagination. Le doute est ici facile à dissiper, et, chaque jour, dans la vie commune, nous le dissipons en cherchant la liaison des phénomènes dans l'espace et dans le temps suivant les lois universelles de l'expérience; lorsque la représentation d'objets extérieurs concorde avec ces lois, nous ne pouvons pas douter que ces objets ne doivent constituer une expérience vraie. L'idéalisme matériel, lorsqu'on se contente de considérer les phénomènes en tant que phénomènes suivant leur liaison dans l'expérience, est donc facile à réfuter, et c'est le résultat d'une expérience aussi certaine d'affirmer que des corps existent hors de nous (dans l'espace) que d'affirmer que je suis, d'après la représentation de mon sens intérieur (dans le temps); car le concept *hors de nous* signifie seulement l'existence dans l'espace. Mais, comme dans la proposition *je suis*, le *je* ne signifie pas seulement l'objet de l'intuition intérieure (dans le temps), mais aussi le sujet de la conscience, de même que le corps ne signifie pas seulement l'intuition extérieure (dans l'espace) mais aussi la chose en soi qui sert de fondement à cette intuition, il en résulte que la question de savoir si les corps (comme phénomènes du sens extérieur) existent en tant que corps au dehors de ma pensée peut sans aucun examen recevoir dans la nature une solution négative; et il n'en est pas autrement de la question de savoir si j'existe moi-même dans le temps en tant que phénomène du sens intérieur (âme selon la psychologie empirique) en dehors de ma propre représentation; ici encore il faut donner une solution négative. C'est ainsi que tout se décide et devient certain lorsqu'on le ramène à sa signification véritable; l'idéalisme formel (que j'appelle encore transcendantal) supprime l'idéalisme matériel ou cartésien. Car, si l'espace n'est rien qu'une forme de ma sensibilité, il est, en tant que représentation en moi, aussi réel que moi-même, et il ne s'agit plus alors que de la vérité empirique des phénomènes qu'il renferme. Mais s'il n'en est pas ainsi, si l'espace et les phénomènes qu'il renferme sont quelque chose d'existant en dehors de nous, tous les critères de l'expérience en dehors de notre perception ne pourront jamais suffire à prouver la réalité de ces objets hors de nous.

II. Idées cosmologiques.

(*Critique*, p. 405 et suiv. *)

§ 50.

Cette production de la raison pure dans son emploi transcendant en est le phénomène le plus

---

* Trad. Barni, t. II, p. 30.

remarquable, celui qui a le plus d'efficacité pour réveiller la philosophie de son sommeil dogmatique, et pour la pousser dans l'entreprise difficile de la critique de la raison.

J'appelle cette idée *cosmologique* parce qu'elle ne prend jamais son objet que dans le monde sensible, parce qu'elle n'a besoin pour se former d'aucune autre idée que de celles dont la matière est un objet des sens, et que par conséquent, dans la mesure où elle n'est qu'immanente et non transcendante, ce n'est pas encore une idée; au contraire, dire que l'âme se pense elle-même comme une substance simple, c'est dire qu'elle se pense comme un objet (le simple), un de ces objets qui ne peuvent être saisis par les sens. Néanmoins, l'idée cosmologique étend si loin la liaison mathématique ou dynamique du conditionné avec sa condition que l'expérience ne peut jamais y atteindre, et qu'à ce point de vue elle est toujours une idée dont l'objet ne peut être donné dans aucune expérience d'une façon adéquate.

§ 51.

D'abord l'utilité d'un système des catégories se manifeste ici avec une évidence si indéniable que cette seule preuve, à défaut d'autres, serait suffisante pour en démontrer la nécessité dans un système de la raison pure. Il n'y a pas plus de quatre idées transcendantes de cette espèce, autant qu'il y a de classes de catégories; dans chacune de ces classes, ces idées n'ont trait qu'à la totalité absolue de la série des conditions pour un conditionné donné. Conformément à ces idées cosmologiques, il n'y a aussi que quatre espèces d'affirmations dialectiques de la raison pure : mais par cela même qu'elles sont dialectiques, il est prouvé qu'à chacune de ces affirmations, d'après des principes également spécieux de la raison pure, une affirmation contradictoire est opposée, et ce qui pourra en empêcher le conflit, ce n'est pas l'art métaphysique des plus subtiles distinctions, mais celui qui force les philosophes à remonter jusqu'aux sources mêmes de la raison pure. Cette antinomie qui n'est pas conçue à plaisir mais qui est fondée sur la nature même de la raison humaine, qui par conséquent est inévitable et sans fin, renferme les quatre propositions suivantes avec leurs principes :

Première thèse.

Sous le rapport du temps et de l'espace, le monde a un commencement (des limites).

Antithèse.
Sous le rapport du temps et de l'espace, le monde est infini.

Deuxième thèse.
Tout dans le monde est formé d'éléments simples.

Antithèse.
Il n'y a rien de simple; tout est composé.

Troisième thèse.
Il y a dans le monde une causalité par liberté.

Antithèse.
Il n'y a pas de liberté; tout est nature.

Quatrième thèse.
Dans la série des causes dans le monde, il y a quelque part un être nécessaire.

Antithèse.
Il n'y a rien dans cette série qui soit nécessaire, tout y est contingent.

§ 52.

Voici le phénomène le plus étrange de la raison humaine; nous n'en pouvons trouver d'exemple semblable dans aucun autre de ses emplois. Lorsque, comme cela arrive ordinairement, nous concevons les phénomènes du monde des sens comme des choses en soi, lorsque nous considérons les principes de leur liaison comme des principes qui ont une valeur universelle pour les choses en soi, et non pour l'expérience seule, et cela est également ordinaire, cela est même inévitable sans notre critique, il se produit un conflit inattendu qui ne peut jamais être apaisé par les moyens ordinaires de la dogmatique ; en effet thèse et antithèse peuvent être présentées avec le même appareil de preuves lumineuses, claires, irrésistibles (car sur la valeur véritable de ces preuves je ne me fais pas d'illusion), et la raison se voit elle-même divisée en deux, division qui réjouit le sceptique, mais qui doit nécessairement inquiéter et faire réfléchir le philosophe critique.

§ 52 *b*.

On peut, en métaphysique, s'égarer de bien des façons, sans crainte d'être surpris dans l'erreur. Il suffit en effet que nous ne nous contredisions pas nous-mêmes ; ce qui est très possible dans les propositions synthétiques, même si elles sont purement imaginaires ; alors, dans tous les cas où les concepts que nous lions sont de pures idées dont le contenu total ne peut absolument pas être donné dans l'expérience, l'expérience ne pourra jamais nous contredire. Car comment décider par l'expérience si le monde est de toute éternité ou s'il a un commencement? si la matière est divisible à l'infini, ou si elle se compose de parties simples? De tels concepts ne se laissent saisir dans aucune expérience, quelque étendue qu'elle puisse avoir; par suite, l'inexactitude de la proposition qui les affirme ou de celle qui les nie ne peut être reconnue à cette pierre de touche.

Le seul cas possible où la raison manifesterait malgré elle sa dialectique secrète, qu'elle livre à tort pour une dogmatique, serait le cas où elle fonderait une assertion sur un principe universellement reconnu, tandis que d'un autre principe, admissible au même titre, elle déduirait avec la plus grande rigueur logique l'assertion directement contraire. Ce cas est réalisé précisément ici; et cela, par rapport à quatre idées naturelles de la raison d'où jaillissent, d'un côté, quatre affirmations, et de l'autre, autant d'affirmations contraires, chacune d'elles étant la conséquence rigoureuse de principes universellement admis : et par là ces idées mettent en lumière dans l'usage de ces principes l'apparence dialectique de la raison pure, apparence qui autrement resterait nécessairement à jamais cachée.

C'est là une épreuve décisive qui doit nécessairement nous révéler une erreur cachée dans les hypothèses de la raison [1]. Deux propositions contradictoires ne peuvent toutes deux être fausses, à moins que le concept sur lequel toutes deux reposent ne soit lui-même contradictoire. Par exemple ces deux propositions : « Un cercle carré est rond » et « Un cercle carré n'est pas rond » sont fausses toutes deux. Dans la première, il est faux que le cercle en question soit rond, puisqu'il est carré; mais il est également faux qu'il ne soit pas rond, c'est-à-dire qu'il ait des angles, puisqu'il est un cercle. Car la marque logique de l'impossibilité d'un concept, c'est précisément que deux propositions contradictoires, qui le supposent également, soient également fausses; par conséquent, comme on ne peut concevoir de troisième proposition intermédiaire, il n'y a aucune pensée dans ce concept.

---

[1]. Je souhaite donc que l'esprit critique du lecteur s'attache surtout à cette antinomie, car il semble que ce soit la nature elle-même qui l'ait proposée pour étonner la raison dans ses prétentions les plus hardies et la contraindre à faire l'épreuve d'elle-même. Je m'engage à défendre toutes les preuves que j'ai données, soit de la thèse, soit de l'antithèse, et à établir par là la certitude d'une antinomie inévitable de la raison. Si donc ce phénomène singulier amène le lecteur à remonter à l'examen de la supposition sur laquelle cette antinomie repose, il se sentira contraint de rechercher plus profondément avec moi la première base de toute connaissance de la raison pure.

§ 52 c.

Eh bien! les deux premières antinomies, que j'appelle antinomies mathématiques parce qu'elles concernent l'addition ou la division de l'homogène, reposent sur un concept contradictoire de ce genre, et j'explique ainsi comment il se fait que, dans toutes les deux, thèse et antithèse soient également fausses.

Si je parle d'objets dans le temps et dans l'espace, je ne parle pas de choses en soi; — de celles-là je ne sais rien; — je parle de choses phénoménales, je parle donc de l'expérience, comme d'une connaissance particulière des objets qui n'est accordée qu'à l'homme. Tout ce que je connais dans l'espace ou dans le temps, je ne puis dire qu'il existe en soi, qu'il existe dans l'espace et dans le temps en dehors de la pensée que j'en ai; ce serait me contredire, puisque l'espace et le temps avec ce qui apparaît en eux ne sont rien d'existant en soi et en dehors de mes représentations, puisque ce sont de simples modes de représentation, et qu'il est manifestement contradictoire de dire d'un simple mode de représentation qu'il continue d'exister en dehors de notre représentation. Les objets des sens n'existent donc que dans l'expérience; et c'est pourquoi, leur attribuer une existence propre qui se suffise à elle-même, indépendamment de l'expérience ou antérieurement à elle, est aussi absurde que de se figurer qu'il y a une expérience réelle indépendante de toute expérience ou antérieure à elle.

Quand je me demande quelle est la grandeur du monde dans l'espace et dans le temps, tous mes concepts sont aussi incapables de m'apprendre qu'elle est infinie que de m'apprendre qu'elle ne l'est pas. Car aucune de ces deux propositions ne peut être conclue de l'expérience, puisqu'il n'y a d'expérience possible ni d'un espace infini ou d'un temps infini dans son cours, ni de la limitation du monde par un espace vide ou par un temps vide qui lui serait antérieur; ce ne sont là que des idées. La grandeur du monde, quelle que soit sa détermination, devrait donc exister en soi, indépendamment de toute expérience. Mais cette proposition est en contradiction avec le concept d'un monde sensible, qui n'est rien qu'un ensemble des phénomènes dont l'existence et la liaison n'ont leur place que dans la représentation, c'est-à-dire dans l'expérience; car le monde n'est pas une chose en soi, mais seulement un mode de représentation. Par suite, comme le concept d'un monde sensible existant par soi est en lui-même contradictoire, la solution du problème de la grandeur du monde sera toujours fausse, qu'elle soit affirmative ou négative.

Il en est de même de la seconde antinomie qui concerne la division des phénomènes. Car les phénomènes sont de pures représentations, et leurs parties n'existent que dans leur représentation, par conséquent dans la division qu'on en fait, c'est-à-dire dans une expérience possible où elles sont données, et la division s'étend juste aussi loin que l'expérience. Admettre qu'un phénomène, par exemple le phénomène corps, contienne en lui-même avant toute expérience toutes les parties que seule une expérience toujours possible peut atteindre, cela revient à donner à un pur phénomène qui ne peut exister que dans l'expérience une existence pourtant indépendante et antérieure à l'expérience, cela revient à dire qu'il existe de pures représentations avant que la représentation ne les ait atteintes : proposition contradictoire qui rend fausse toute solution de ce problème mal posé, qu'on soutienne que les corps en soi consistent en un nombre infini de parties ou en un nombre fini de parties simples.

§ 53.

Dans la première classe des antinomies (antinomies mathématiques), la fausseté de l'hypothèse consiste dans ce fait que ce qui est contradictoire (un phénomène considéré comme chose en soi) est représenté dans un concept comme admissible. Dans la seconde classe des antinomies (la classe dynamique) la fausseté de l'hypothèse consiste dans ce fait que ce qui est admissible est représenté comme contradictoire. Par suite, tandis que dans le premier cas les deux assertions opposées étaient fausses, dans le second, au contraire, où elles ne sont opposées l'une à l'autre que par un simple malentendu, toutes deux peuvent être vraies.

La liaison mathématique suppose nécessairement l'homogénéité des objets qu'elle lie (dans le concept de la grandeur), tandis que la liaison dynamique ne requiert nullement cette homogénéité. S'il s'agit de la grandeur de l'étendue, toutes les parties doivent en être homogènes, entre elles et avec le tout; au contraire, dans la liaison de la cause et de l'effet, l'homogénéité peut bien, à vrai dire, se rencontrer, elle n'est pas nécessaire; car le concept de la causalité (au moyen duquel l'existence d'une chose est conclue de celle d'une autre entièrement différente) ne la requiert nullement.

Si les objets du monde sensible étaient pris pour des choses en soi et si les lois de la nature énoncées plus haut étaient considérées comme les lois des choses en soi, la contradiction ne pourrait être évitée. De même, si le sujet libre était représenté comme un simple phénomène, ainsi que le sont les autres objets, la contradiction serait encore inévitable, car on pourrait alors affirmer et nier à la fois précisément la même chose du même objet considéré sous le même rapport. Mais si la nécessité naturelle s'applique seulement aux phénomènes, la liberté seulement aux choses en soi, il n'y a plus aucune contradiction à reconnaitre ou à admettre à la fois les deux espèces de causalité, si difficile ou si impossible qu'il soit de rendre concevable la seconde d'entre elles.

Dans le monde phénoménal, chaque fait est un événement, c'est-à-dire quelque chose qui arrive dans le temps; avant lui, il doit se produire, d'après les lois universelles de la nature, une détermination de sa cause comme cause, c'est-à-dire un état de cette cause à laquelle succède un fait, suivant une loi constante. Mais cette détermination de la cause à être cause doit être encore quelque chose qui se produise ou qui arrive; la cause doit avoir commencé d'agir, sans quoi on ne pourrait concevoir aucun temps entre elle et son effet. L'effet aurait existé éternellement comme la causalité même de la cause. Donc nécessairement la détermination de la cause à l'effet doit être phénoménale; comme son effet lui-même, la cause doit être un événement qui doit, lui aussi, avoir sa cause, etc., et par suite la nécessité naturelle est la condition de la détermination des causes efficientes. Au contraire, si la liberté doit être une propriété de certaines causes des phénomènes, elle doit être relativement aux phénomènes antécédents, aux événements, comme un pouvoir de commencer de soi-même (*sponte*), c'est-à-dire sans que la causalité de la cause ait à commencer, et par suite elle n'aurait besoin d'aucun autre principe que d'elle-même pour déterminer un commencement. Mais alors la cause ne devrait pas attendre sa causalité des déterminations temporelles de son état, elle ne devrait pas être un phénomène, elle devrait être considérée comme une chose en soi ; les effets seuls seraient des phénomènes [1].

Si l'on peut sans contradiction penser une pareille influence des êtres intelligibles sur les phénomènes, il y a encore sans doute une nécessité naturelle dans toute liaison de cause à effet dans le monde sensible, mais la cause de cette liaison, qui n'est pas elle-même un phénomène (quoiqu'elle en soit le fondement) doit posséder la liberté ; si bien que nature et liberté peuvent

1. L'idée de la liberté n'est que le rapport d'une cause intelligible à son effet phénoménal. Aussi ne pouvons-nous accorder à la matière qu'elle soit libre dans son action perpétuelle par laquelle elle remplit l'espace, quoique cette action ait son principe en elle. Nous ne pouvons davantage trouver un concept de liberté qui convienne à un être purement intelligible, Dieu par exemple, en tant que son action est immanente. Car quoique son action soit indépendante des causes extérieures de détermination, elle est encore déterminée dans la raison éternelle de Dieu et par suite dans la nature divine. C'est seulement lorsqu'une action amène un commencement, c'est-à-dire un effet dans la série du temps, et par suite un trouble dans le monde sensible (le commencement du monde), c'est alors seulement que se pose la question de savoir si la causalité de la cause elle-même a dû, elle aussi, avoir un commencement, ou si la cause peut engendrer un effet sans que sa causalité elle-même commence. Dans le premier cas, le concept de cette causalité est un concept de nécessité naturelle, dans le second, c'est un concept de liberté. Le lecteur comprendra ainsi que, quand je définissais la liberté le pouvoir de commencer un événement de soi-même, je touchais précisément au concept qui fait le problème de la métaphysique.

sans contradiction être affirmées de la même chose, mais considérées sous des rapports différents, d'une part comme phénomène, d'autre part comme chose en soi.

La puissance que nous trouvons en nous n'est pas seulement unie à ses principes de détermination subjectifs qui sont les causes naturelles de ses actions, (et dans cette mesure elle est la puissance d'un être qui rentre lui-même dans le monde des phénomènes), mais encore elle est jointe à des principes objectifs qui sont de simples idées dans la mesure où ces idées peuvent déterminer cette puissance, et cette liaison s'exprime par le mot Devoir. Cette puissance se nomme Raison, et, tant que nous considérons un être (l'homme) selon cette seule raison, principe objectif de détermination, il ne peut être considéré comme un être sensible; mais la propriété dont il s'agit est la propriété d'une chose en soi dont nous ne pouvons nullement connaître la possibilité. Je veux dire que nous ne pouvons comprendre comment le devoir, quelque chose qui n'a pas encore eu lieu, détermine l'activité de cet être, et peut être la cause d'actions dont l'effet se traduit dans le monde des sens sous une forme phénoménale. La causalité de la raison serait donc la liberté par rapport à ses effets dans le monde sensible en tant que l'on considère par rapport à la raison les principes objectifs qui sont les idées elles-mêmes de la raison. Car l'activité de la raison ne serait pas soumise à des conditions subjectives et par suite à aucune condition de temps, et par conséquent elle ne dépendrait pas des lois de la nature qui servent à déterminer ces conditions; en effet les idées de la raison tirent de principes et donnent aux actions des règles universelles sans rapport aux circonstances de temps et de lieu.

Cette exposition n'a que la valeur d'un exemple et d'un éclaircissement, elle n'est pas nécessairement liée à la question dont nous nous occupons et qui doit tirer sa solution de simples concepts, indépendamment des propriétés que nous saisissons dans le monde réel.

Maintenant je puis dire sans contradiction : toute action d'un être raisonnable, en tant qu'elle est un phénomène se trouvant dans une expérience quelconque, est soumise à la nécessité de la nature; et cette même action, simplement rapportée au sujet raisonnable et à sa faculté d'agir par raison pure, est libre. Quelle est en effet la condition que requiert la nécessité de la nature?

c'est uniquement que tout événement du monde sensible soit déterminé suivant des lois constantes, c'est-à-dire qu'il présente une relation à une cause phénoménale, qui laisse ignorer d'ailleurs la chose en soi qui en est le fondement, et sa causalité véritable. Or je dis : la loi de la nature subsiste, que l'être raisonnable puisse être la cause de certains effets dans le monde sensible, c'est-à-dire par liberté, ou qu'il ne puisse pas les déterminer en vertu de principes rationnels. Dans la première hypothèse, l'action se fait suivant des maximes, dont l'effet phénoménal sera toujours conforme à des lois constantes; dans la seconde, où l'action ne se produit pas suivant les principes de la raison, elle demeure soumise aux lois empiriques de la sensibilité, et toujours la liaison mutuelle des effets sera conforme à des lois constantes; nous n'en demandons pas davantage pour la nécessité de la nature et même nous n'en savons pas davantage. Or dans le premier cas, la raison est la cause de ces lois naturelles, elle est libre par conséquent; dans le second, les effets, n'étant pas soumis à l'influence de la raison, se produisent selon les pures lois naturelles de la sensibilité, mais la raison n'en est pas pour cela déterminée par la sensibilité, ce qui est impossible, et ainsi, même dans ce cas, elle conserve sa liberté. Cette liberté n'est donc pas un obstacle à la loi naturelle des phénomènes pas plus que cette loi ne nuit elle-même à l'usage pratique de la raison qui est lié aux choses en soi comme à ses principes déterminants.

Par là est sauvée la liberté pratique, c'est-à-dire celle où la raison a une causalité suivant des principes objectifs de détermination, sans que la nécessité de la nature, au regard de ces mêmes effets considérés comme phénomènes, en reçoive la moindre atteinte. Voici qui peut également servir à éclaircir ce que nous avions à dire de la liberté transcendantale et de sa conciliation avec une nécessité de la nature (lorsqu'on les considère toutes deux dans un même sujet, mais non suivant une seule et même relation). En effet, sous ce rapport, tout commencement d'action d'un être agissant par des causes objectives, rapporté à ses principes déterminants, est un commencement premier, quoique cette action, dans la série des phénomènes, ne soit qu'un commencement subalterne, qui doit précéder un état particulier de la cause qui le détermine, et qui lui-même est déterminé par une cause immédiatement antécédente, en sorte qu'on peut sans contredire les lois de la nature concevoir dans les êtres raisonnables, ou généralement dans les êtres dont on détermine la causalité en les considérant comme choses en soi, le pouvoir de commencer d'eux-mêmes une série d'états. Car le rapport de l'action à ses principes rationnels, objectifs, n'est pas un rapport de temps; ce qui détermine ici la causalité ne précède pas l'action dans le temps, parce que de tels principes de détermination ne nous présentent point une relation de leurs objets aux sens, c'est-à-dire à des causes phénoménales, mais à des causes déterminantes, considérées comme choses en soi qui ne sont pas soumises à des conditions de temps. Ainsi l'action peut être regardée en même temps, par rapport à la causalité de la raison, comme un commencement premier, par rapport à la série des phénomènes, comme un commencement simplement subordonné, et elle peut être dite sans contradiction, du premier point de vue, libre, du second (où elle est un simple phénomène), soumise à la nécessité de la nature.

Dans la quatrième antinomie, le conflit de la raison avec elle-même se résout de la même façon que dans la troisième. Car, si la cause phénoménale est distinguée de la cause des phénomènes, conçue comme chose en soi, les deux principes peuvent bien subsister l'un à côté de l'autre, c'est-à-dire qu'il est vrai que le monde sensible ne laisse aucune place, suivant les mêmes lois de la causalité, à une cause naturelle dont l'existence soit absolument nécessaire, et pourtant que ce monde est lié à un être nécessaire comme à sa cause, mais conçue d'une autre façon et suivant une autre loi de la causalité : deux principes dont l'incompatibilité repose évidemment sur cette erreur d'étendre aux choses en soi ce qui vaut des phénomènes seuls, et d'en confondre entièrement les concepts.

§ 54.

Ainsi se pose et se résout l'antinomie tout entière où la raison se trouve engagée en appliquant ses principes au monde sensible; or avoir simplement posé ce problème serait avoir rendu déjà un service considérable à la connaissance de la raison humaine, alors même que la solution du conflit n'apporterait pas une satisfaction complète au lecteur qui a ici à combattre une illusion naturelle, laquelle lui est tout nouvellement présentée comme une illusion, quoiqu'il l'ait toujours prise jusqu'ici pour une réalité. Car la conséquence en sera inévitable : comme il est impossible de se dégager de ce conflit de la raison avec elle-même, aussi longtemps qu'on prend les objets du monde sensible pour des choses en soi, et non pour les purs phénomènes qu'ils sont en fait, le lecteur est contraint de reprendre la déduction de toute notre connaissance *a priori* et l'épreuve que nous lui avons fait subir nous-même, pour pouvoir en donner à son tour une solution. Pour le moment, je ne demande pas davantage : car si, en réfléchissant à cette question, il a commencé par pénétrer assez profondément dans la nature de la raison, les concepts qui seuls rendront possible la solution du conflit de la raison lui sont devenus déjà familiers; condition sans laquelle je ne puis attendre un succès complet, même auprès du lecteur le plus attentif.

III. Idées théologiques.

(*Critique*, p. 571 et suiv.[1])

§ 55.

La troisième idée transcendantale qui donne matière à l'usage de la raison le plus considérable,

[1] Trad. Barni, t. II, p. 167 et suiv.

à la condition qu'il demeure toujours purement spéculatif, supra-sensible (transcendant) et dialectique par là même, est l'idéal de la raison pure. Ici en effet, la raison n'a point, comme dans l'idée psychologique ou cosmologique, de rapport à l'expérience, elle n'est point conduite à s'approcher le plus possible, par une gradation des principes, de la totalité absolue de la série des expériences, mais elle rompt complètement avec l'expérience, elle part de purs concepts qui contiennent ce qui constituerait la plénitude absolue d'une chose en général, et elle se sert de l'idée d'un être premier souverainement parfait pour déterminer la possibilité et par là même la réalité de toutes les autres choses; ici donc, plus que dans les cas précédents, il est facile de distinguer d'un concept rationnel la simple supposition d'un être qui sera pensé en dehors de la série de l'expérience, mais toujours en vue de cette expérience, afin d'en faire comprendre la liaison, l'ordre et l'unité, c'est-à-dire l'idée. Et par là l'illusion dialectique qui vient de ce que nous prenons les conditions subjectives de notre esprit pour les conditions objectives des choses elles-mêmes, une hypothèse nécessaire à la satisfaction de notre raison pour un dogme, sera facilement mise sous les yeux, et je n'ai rien à ajouter sur les prétentions de la théologie transcendantale, car ce que dit la *Critique* à ce sujet est clair, lumineux et décisif.

Remarque générale sur les idées transcendantales.

§ 56.

Les objets qui nous sont donnés par l'expérience ne peuvent pas être saisis sous un aspect multiple, et beaucoup de questions auxquelles la loi de la nature nous conduit, quand on en pousse assez loin l'application toujours conformément à cette loi, pourront demeurer sans solution : par exemple la question de savoir pourquoi les corps s'attirent les uns les autres. Mais si nous abandonnons complètement la nature, ou si, à force d'en suivre la liaison, nous dépassons toute expérience possible pour nous enfoncer dans de pures idées, alors nous ne pourrons plus dire que l'objet nous en soit incompréhensible et que la nature des choses nous pose des problèmes insolubles : car nous n'avons plus affaire à la nature ou à des objets donnés, mais seulement à des concepts qui ont évidemment leur origine dans notre entendement, et à de purs êtres de raison; et les problèmes qui doivent naître du concept de ces êtres comportent pour eux une solution, car la raison peut rendre entièrement compte de son propre procédé, et elle le doit [1]. Puisque les idées psychologiques, cosmologiques, théologiques, sont simplement des concepts de la raison pure qui ne peuvent pas être donnés dans l'expérience, les questions que la raison nous pose à leur propos ne sont pas soulevées par les objets, mais par de pures maximes de la raison, pour la satisfaction de cette raison elle-même, et elles doivent par suite comporter une réponse suffisante; c'est ce qui a lieu en fait, car on démontre que ce sont les principes fonda-

1. M. Platner dit dans ses aphorismes ce mot pénétrant : « Quand la raison est le critérium, il n'y a pas de concept possible qui soit inintelligible à la raison humaine. Or la réalité donne lieu à des concepts qu'il est impossible de comprendre. Cette impossibilité provient donc de l'insuffisance des idées acquises. » C'est une pensée qui n'a que l'apparence d'un paradoxe, mais qui n'est pas étrange d'ailleurs, que dans la nature il y a beaucoup de choses incompréhensibles, par exemple la génération, mais que si nous nous élevons encore davantage, en dépassant la nature, tout nous devient de nouveau intelligible. En effet nous abandonnons entièrement les objets qui peuvent nous être donnés et nous nous attachons simplement aux idées dans lesquelles nous pouvons bien saisir la loi que la raison prescrit à l'entendement dans le cercle expérimental de son application, puisque c'est le produit même de la raison.

mentaux qui portent l'usage de notre entendement jusqu'à sa complète harmonie, sa plénitude et son unité synthétique, et qu'ils ont une valeur uniquement pour l'expérience, mais pour le tout de l'expérience. Bien qu'un tout absolu de l'expérience soit impossible, c'est l'idée d'un tout de la connaissance suivant des principes qui seule peut lui donner une certaine espèce d'unité, l'unité d'un système, sans laquelle notre connaissance n'est qu'une pièce fragmentaire et ne peut être employée pour le but le plus élevé, c'est-à-dire pour le système de tous les buts; j'entends ici non pas simplement le but pratique, mais aussi le but le plus élevé de l'usage spéculatif de la raison.

Les idées transcendantales expriment donc la détermination qui est caractéristique de la raison, c'est-à-dire la détermination d'un principe qui donne son unité systématique à l'usage de l'entendement. Mais si l'on regarde cette unité de la connaissance comme une propriété qui appartient à l'objet de cette connaissance, si l'on prend pour constitutive une connaissance qui n'est que régulatrice, si l'on est convaincu que ces idées nous permettent d'étendre nos connaissances bien loin au delà de toute expérience possible, c'est-à-dire d'une façon transcendante, comme il est vrai que la raison ne sert qu'à porter l'expérience aussi près qu'il est possible de la totalité absolue, en ne posant à son développement aucune limite qui puisse appartenir à l'expérience elle-même, on arrive simplement à porter un jugement erroné sur la destination et les principes de la raison, à tomber dans une dialectique qui, tantôt, égare l'usage expérimental de la raison, tantôt, divise la raison et l'oppose à elle-même.

Conclusion sur la détermination des limites de la raison pure.

§ 57.

Après les démonstrations parfaitement claires que nous avons données plus haut, il serait absurde d'espérer avoir une connaissance d'un objet plus étendue que celle qui ressortit à l'expérience qu'elle peut comporter, ou de prétendre à la moindre connaissance d'une chose dont nous savons qu'elle n'est pas un objet d'expérience possible, c'est-à-dire à la détermination de son essence comme chose en soi. Comment arriver en effet à cette détermination, puisque le temps, l'espace et tous les concepts de l'entendement, puisque même les concepts tirés de l'intuition empirique ou de la perception dans le monde sensible n'ont et ne peuvent avoir d'autre usage que de rendre possible l'expérience? et si nous soustrayons ces concepts de l'entendement pur à cette condition, ils ne déterminent plus aucun objet, et ils perdent toute leur signification.

Mais, d'autre part, il serait plus absurde encore de ne point admettre de chose en soi, de vouloir faire de notre expérience l'unique connaissance des choses qui sont possibles, par suite de notre intuition dans l'espace et dans le temps la seule intuition possible, et de notre entendement discursif l'archétype de tout entendement possible; et de tenir enfin les principes de la possibilité de l'expérience pour les conditions universelles des choses en soi.

Nos principes, qui restreignent l'usage de la raison à la seule expérience possible, pourraient donc devenir transcendants eux-mêmes, et faire des bornes de notre raison les bornes de la possibilité des choses mêmes (comme les dialogues de Hume en peuvent être un exemple), si une critique pénétrante ne surveillait les limites de la raison jusque dans son usage empirique, et ne mettait un terme à ses prétentions. A l'origine, le scepticisme est né de la métaphysique et de sa dialectique sans discipline. Au début, il avait le droit, pour favoriser l'usage expérimental de la raison, de déclarer que tout ce qui la dépassait n'était que vanité et illusion, mais peu à peu on s'aperçut que ce sont précisément les mêmes principes *a priori* dont on se sert dans l'expérience qui, à notre insu, et avec un droit qui paraissait tout aussi solide, nous conduisaient au delà du domaine de l'expérience; et alors on commença à étendre son doute jusqu'aux principes mêmes de l'expérience. Mais là il n'y a pas de danger, car le bon sens affirmera toujours ses droits; il en résulte seulement un désordre particulier dans la science, incapable de déterminer jusqu'à quelle limite on peut se fier à la raison, et pourquoi on le peut jusqu'à telle limite et non au delà : or, le remède à ce désordre, qui en préviendra également le retour à l'avenir, ce ne peut être que la détermination, faite en bonne forme et au nom des principes, des limites de l'usage de notre raison.

Nous ne pouvons, il est vrai, donner en dehors de toute expérience possible un concept déterminé de ce qui peut être une chose en soi. Cependant nous ne sommes pas libres de renoncer absolument à toute information sur ce sujet, car l'expérience ne donne jamais à la raison pleine satisfaction, elle recule toujours la réponse aux questions que nous lui posons, et pour une solution complète elle nous laisse sans nous satisfaire, comme chacun peut s'en assurer par la dialectique de la raison pure qui doit précisément à cela un solide fondement subjectif. En effet, pour la nature de notre âme, peut-on supporter d'atteindre à la conscience claire du sujet et en même temps à la conviction que ses phénomènes ne comportent point d'explication matérialiste, sans se demander ce que l'âme est proprement, et s'il n'y a point de concept empirique qui y suffise, sans recourir à un concept purement rationnel, concept d'un être simple immatériel, quoique nous ne puissions nullement en prouver la réalité objective? Qui peut se contenter de la seule connaissance de l'expérience dans tous les problèmes cosmologiques de la durée et de la grandeur du monde et de la nécessité naturelle? Quel que soit en effet notre point de départ, toute réponse faite conformément aux lois fondamentales de l'expérience engendre toujours une nouvelle question qui requiert elle-même une réponse et démontre clairement l'impuissance où sont toutes les explications physiques de satisfaire la raison. Enfin quel homme ne voit qu'il ne peut s'en tenir à la contingence et à la dépendance perpétuelle de toutes les choses qu'il peut penser et admettre selon les seuls principes de l'expérience, et ne sent qu'en dépit de toute défense de se perdre dans les idées transcendantes il est contraint de chercher son repos et sa satisfaction par delà tous les concepts qu'il peut soumettre au contrôle de l'expérience dans le concept d'un être dont l'idée en elle-même et dans sa simple possibilité ne peut être véritablement établie, quoiqu'elle ne puisse pas non plus être contredite, car elle concerne un pur être intelligible : idée pourtant sans laquelle la raison devrait rester éternellement troublée.

Des limites dans un être étendu supposent toujours un espace qui se trouve en dehors d'un lieu certain et déterminé, puisqu'il l'enveloppe; des bornes, au contraire, ne requièrent aucune condition de ce genre, ce sont de pures négations qui affectent une quantité, en tant qu'elle n'est pas une totalité absolue. Mais notre raison voit en elle-même autour de soi un espace libre pour la connaissance des choses en soi, quoiqu'elle ne puisse jamais en avoir de concepts déterminés et qu'elle soit bornée aux seuls phénomènes.

Tant que la connaissance de la raison est homogène, elle ne permet pas de concevoir en elle des limites précises. Dans la mathématique et la physique, la raison humaine connait des bornes, elle ne connait pas de limites; en d'autres termes, elle admet qu'il y a en dehors d'elle quelque chose qu'elle ne peut jamais atteindre, mais elle n'admet pas qu'elle puisse elle-même rencontrer quelque terme dans son progrès intérieur. L'extension des idées en mathématique et la possibilité de nouvelles découvertes vont à l'infini; rien non plus n'empêche de découvrir des propriétés physiques, des forces, et des lois nouvelles grâce au prolongement de l'expérience et à sa synthèse par la raison. Cependant on ne saurait nier qu'il n'y ait ici des bornes, car la mathématique n'atteint que les phénomènes; les choses qui ne peuvent être objets d'intuition sensible, les concepts de la métaphysique et de la morale, par exemple, sont absolument en dehors de sa sphère; elle n'y peut jamais conduire, elle ne peut rien en tirer non plus. Il n'y a donc pas dans la mathématique de progrès continu vers ces sciences qui l'en rapproche : elles n'ont pas une ligne, un point de contact. La physique de son côté ne peut jamais nous révéler l'essence des choses, c'est-à-dire ce qui n'est pas phénomène et qui pourtant peut servir à expliquer le principe suprême des phénomènes, mais elle n'en a pas non plus besoin dans ses explications toutes scientifiques ; et d'ailleurs, même si on lui proposait une idée de ce genre (par exemple l'influence d'êtres immatériels), elle devrait la répudier et se garder de l'introduire dans la série de ses explications, mais elle doit toujours leur donner pour fondement ce qui peut ressortir à l'expérience comme objet des sens et entrer en connexion avec nos perceptions réelles selon les lois de l'expérience.

Mais dans les tentations dialectiques de la raison pure qui sont nées, non point d'un désir arbitraire ou téméraire, mais du penchant naturel de la raison elle-même, la métaphysique nous conduit à des limites, et les idées transcendantales, justement par ce fait qu'on ne peut en mesurer l'étendue, qu'elles ne se laisseront jamais réaliser, servent à nous montrer non pas seulement les limites effectives de l'usage pur de la raison, mais encore la façon de les déterminer : tel est le but et l'utilité de cette disposition naturelle de notre raison qui a engendré la métaphysique, son enfant chéri, naissance qui, comme toute naissance au monde, ne doit pas être attribuée à un hasard inattendu, mais à un germe primitif, sagement organisé pour un but important. La métaphysique, en effet, plus peut-être que toute autre science, est, dans ses traits essentiels, constituée en nous par la nature elle-même, et ne peut être considérée comme le produit d'un choix capricieux ni comme l'extension hasardeuse du progrès de l'expérience dont elle se sépare elle-même absolument.

La raison, dans tous les concepts et dans toutes les lois de l'entendement qui suffisent à l'usage empirique, à l'intérieur par conséquent du monde sensible, ne trouve aucune satisfaction; comme les problèmes reparaissent toujours indéfiniment, elle perd tout espoir de les résoudre complètement. Les idées transcendantales qui se proposent cet achèvement, sont des problèmes de ce genre que la raison se pose. Mais elle voit clairement aussi que cette solution achevée ne peut être contenue dans le monde sensible, encore moins dans les concepts qui servent seulement à faire de ce monde un objet de l'entendement; (espace, temps et tous ceux que nous avons énumérés sous le nom de purs concepts de l'entendement). Le monde sensible n'est rien autre chose qu'une chaîne de phénomènes liés selon des lois universelles, il n'a pas de consistance par lui-même, il n'est pas proprement une chose en soi, par suite il se rapporte nécessairement à ce qui contient le fondement de ces phénomènes, c'est-à-dire à des êtres qui, eux, ne peuvent pas être reconnus seulement pour des apparences, mais bien pour des choses en soi. C'est seulement dans la connaissance de pareils êtres que la raison peut espérer voir satisfaire une fois son désir d'achever sa marche progressive du conditionné aux conditions.

Nous avons montré plus haut (§§ 33-34) quelles étaient les bornes de la raison par rapport à toute connaissance de purs êtres de pensée; maintenant, puisque les idées transcendantales nous forcent à avancer jusqu'à ces êtres, puisqu'elles ne nous ont du même coup conduit que jusqu'au simple contact de l'espace plein (de l'expérience) avec l'espace vide (dont nous ne pouvons rien savoir, les noumènes), maintenant, dis-je, nous pouvons aussi déterminer les limites de la raison pure; car en toute limite il y a aussi quelque chose de positif (par exemple la surface est la limite de l'espace corporel, elle est pourtant elle-même un espace; — la ligne est un espace qui est la limite de la surface; — le point est la limite de la ligne, mais aussi un lieu dans l'espace); les bornes au contraire ne contiennent que de pures négations. Les bornes que nous avons indiquées dans le paragraphe que nous citions ne suffisent plus depuis que nous avons trouvé qu'il y a au delà d'elles encore quelque chose, quoique nous ne devions jamais connaître ce que ce quelque chose est en lui-même. Maintenant en effet la question est de savoir comment se comporte notre raison dans cette liaison de ce que nous connaissons avec ce que nous ne connaissons pas, avec ce que nous ne connaitrons jamais. Il y a ici une liaison effective de quelque chose de connu avec quelque chose de complètement inconnu, et qui doit le rester toujours, et même si l'inconnu ne doit pas le moins du monde être connu davantage, comme d'ailleurs en fait il n'y a pas lieu de l'espérer, pourtant le concept de cette liaison doit être déterminé et élucidé.

Nous devons donc concevoir un être immatériel, un monde intelligible et un principe suprême de tous les êtres (purs noumènes) parce que la pure raison ne trouve que dans ces êtres conçus comme choses en soi une plénitude et une satisfaction qu'elle ne peut jamais espérer tant qu'elle dérive les phénomènes de fondements qui leur soient homogènes, et parce que ces phénomènes se rapportent réellement à quelque chose de différent d'eux-mêmes (qui leur est par suite tout à fait hétérogène), car ils supposent toujours une chose en soi; et ainsi nous en apprenons l'existence, qu'on en puisse ou non avoir une connaissance plus profonde.

Puisque nous ne pouvons jamais connaître ces êtres de pensée dans ce qu'ils peuvent être en eux-mêmes, c'est-à-dire d'une façon déterminée, et que cependant nous les admettons par rapport au monde sensible avec lequel notre raison doit les unir, nous pourrons tout au moins penser cette liaison au moyen des concepts qui expriment leur rapport au monde sensible. Car si nous ne pensons l'être de raison que par de purs principes de l'entendement, nous ne pensons vraiment par là rien de déterminé, et par suite notre concept est dénué de sens; si nous le pensons au moyen de propriétés empruntées au monde sensible, ce n'est plus un être de raison, mais il est pensé comme l'est un phénomène et ressortit au monde sensible. Prenons pour exemple le concept de l'être suprême.

Le concept du Dieu du déisme est un concept absolument pur de la raison, qui ne fait à vrai dire que représenter une chose contenant toute réalité, incapable d'ailleurs d'en donner une seule détermination, parce que le modèle en serait emprunté au monde sensible ; auquel cas je n'aurais toujours affaire qu'à un objet des sens, et non à quelque chose d'absolument hétérogène qui ne puisse être objet des sens. En effet, je lui attribuerais par exemple l'entendement, mais je n'ai l'idée que d'un entendement semblable au mien, c'est-à-dire d'un entendement qui doit recevoir par les sens des intuitions et se charger de les soumettre aux règles de l'unité de la conscience. Mais alors les éléments de mon concept appartiendraient aux phénomènes ; or l'insuffisance même des phénomènes me forcera de les dépasser pour atteindre jusqu'au concept d'un être qui en soit indépendant ou qui leur soit lié comme aux simples conditions de sa détermination. Si je sépare alors l'entendement de la sensibilité pour obtenir un entendement pur, il ne reste que la forme pure de la pensée sans intuition, qui ne me permet de connaître rien de déterminé, par suite aucun objet. Je devrais donc en fin de compte concevoir un autre entendement qui ait l'intuition des objets, entendement dont je n'ai pas la moindre idée, parce que l'entendement humain est discursif et ne peut connaître que par des concepts universels. Même chose m'arrive, si j'attribue à l'être suprême une volonté, car je ne puis la concevoir qu'au moyen de mon expérience interne : or je trouve dans cette expérience que ma satisfaction dépend d'objets dont l'existence m'est indispensable et qu'ainsi la sensibilité en est le fondement, ce qui est absolument contradictoire avec le pur concept de l'être suprême.

Les objections de Hume contre le déisme sont faibles et n'atteignent jamais rien de plus que son appareil de preuves sans atteindre jamais le principe de l'affirmation déiste. Mais contre le théisme qui doit se constituer en déterminant de plus près notre concept purement transcendant de l'être suprême, elles sont très fortes, et, suivant la façon dont on a formé ce concept, irréfutables dans certains cas, qui sont en fait tous les cas ordinaires. Hume estime que dans le pur concept d'un être premier auquel nous n'attribuons que des prédicats ontologiques (éternité, omniprésence, omnipotence) nous ne pensons en réalité rien de déterminé ; il faudrait, suivant lui, y ajouter des propriétés qui puissent en fournir un concept *in concreto;* il ne suffirait pas de dire qu'il existe une cause, il faudrait dire encore comment se comporte sa causalité, si elle agit par entendement ou par volonté ; ensuite il s'en prend à la doctrine elle-même, c'est-à-dire au théisme, puisqu'il n'avait encore battu en brèche que les preuves fondamentales du déisme, ce qui n'entraîne avec soi aucun danger sérieux. Ses arguments dangereux ont tous rapport à l'anthropomorphisme qui est, selon lui, inséparable du théisme et contradictoire en lui-même : si d'ailleurs on abandonnait l'anthropomorphisme, le théisme s'écroulerait par là même, et il ne resterait plus qu'un déisme dont on ne peut rien tirer, qui ne peut être d'aucune utilité, ni servir à fonder une religion et une morale quelconques. S'il était certain qu'on ne pût éviter l'anthropomorphisme, les preuves de l'existence d'un être pourraient être ce qu'elles voudraient, elles pourraient être toutes accordées, nous ne saurions jamais pourtant déterminer le concept de cet être sans nous perdre dans des contradictions.

Si à cet ordre d'éviter tous les jugements transcendants de la raison pure nous joignons l'ordre, contraire en apparence, de nous élever jusqu'aux concepts qui sont en dehors du domaine de l'usage immanent (empirique), nous nous apercevrons que tous deux peuvent subsister ensemble, mais uniquement et précisément sur la limite de tout usage légitime de la raison, car cette limite appartient tout aussi bien au domaine de l'expérience qu'à celui des êtres de la pensée, et nous apprenons ainsi comment chacune de ces idées remarquables sert à la détermination des limites de la raison humaine, c'est-à-dire qu'elles servent d'une part à étendre la connaissance de l'expérience tout en la limitant, de sorte qu'il ne nous reste rien de plus à connaître que le monde, tout seul, et d'autre part à ne pas dépasser les limites de l'expérience, et à juger des choses qui sont au delà de l'expérience comme des choses en soi.

Nous nous tenons sur cette limite si nous bornons notre jugement au simple rapport que peut avoir le monde avec un être dont le concept est en dehors de toute la connaissance que nous puissions avoir à l'intérieur du monde. Alors en effet nous n'attribuons à l'être suprême, comme des propriétés en soi, aucune des qualités par lesquelles nous pensons les objets de l'expérience et nous évitons ainsi l'anthropomorphisme dynamique, mais nous en attribuons pourtant à son rapport avec le monde en nous permettant un anthropomorphisme symbolique qui, en fait, n'a de rapport qu'au langage et non à l'objet même.

Si je dis que nous sommes forcés de considérer le monde comme s'il était l'œuvre d'un entendement et d'une volonté suprêmes, je dis en vérité ceci et uniquement ceci : de même qu'une horloge, un vaisseau, un régiment se rapportent à un horloger, à un ingénieur, à un colonel, de même le monde sensible (ou tout ce qui sert de fondement à cet ensemble de phénomènes) se rapporte à l'inconnu dont mon intelligence n'atteint pas ce qu'il est en lui-même, mais du moins ce qu'il est pour moi, c'est-à-dire son rapport au monde dont je suis une partie.

§ 58.

Une pareille connaissance est une connaissance par analogie : expression qui n'a point le sens, qu'on lui donne généralement, d'une ressemblance imparfaite entre deux choses, mais d'une parfaite ressemblance entre deux rapports qui lient des choses tout à fait différentes [1]. Cette

---

[1]. Ainsi, il y a une analogie entre le rapport juridique des actions humaines et le rapport mécanique des forces motrices : je ne puis rien faire contre autrui sans lui

analogie permet au concept de l'être suprême de rester suffisamment déterminé pour nous, bien que nous en ayons retranché tout ce qui pourrait être détermination absolue et en soi; car nous le déterminons par rapport au monde, et conséquemment par rapport à nous : et il n'en faut pas davantage. Les attaques de Hume contre ceux qui veulent une détermination absolue de ce concept dont ils empruntent les matériaux à leur esprit même et au monde, ne nous atteignent donc pas; il ne peut plus nous objecter qu'il ne nous restera rien si nous retranchons du concept de l'être suprême l'anthropomorphisme objectif.

Supposons en effet que dès le début (ainsi que

---

donner le droit de m'en faire autant dans les mêmes conditions; de même, un corps ne peut exercer sur un autre corps sa force motrice sans déterminer par cela seul cet autre corps à réagir dans la même mesure. Le droit et la force motrice sont choses entièrement différentes, mais il existe pourtant une ressemblance complète dans leurs rapports. Grâce à une telle analogie, je puis concevoir nettement les rapports de choses qui me sont absolument inconnues. Par exemple : le soin du bonheur des enfants ($= a$) est à l'amour des parents ($= b$) ce qu'est le salut du genre humain ($= c$) à l'inconnue en Dieu ($= x$), que nous appelons Amour; je ne prétends point que cet amour ait la moindre ressemblance avec une inclination humaine, mais nous pouvons comparer le rapport qu'il soutient avec le monde au rapport que les choses du monde soutiennent entre elles. La conception du rapport n'est ici qu'une simple catégorie, je veux dire le concept de cause, qui n'a rien à faire avec la sensibilité.

le fait, dans les dialogues de Hume, Philon, l'adversaire de Cléanthe), on nous accorde comme une hypothèse nécessaire le concept déiste de l'être premier qui détermine cet être par des prédicats purement ontologiques de substance, de cause, etc. Cette détermination est nécessaire, puisque la raison ne fait de progrès dans le monde sensible que par de simples conditions toujours soumises elles-mêmes à d'autres conditions, sans quoi elle ne pourrait se satisfaire; et elle est aisée à faire, sans tomber dans l'anthropomorphisme, qui tire des prédicats du monde sensible pour les attribuer à un être entièrement différent du monde; précisément parce que ces prédicats ne sont que de pures catégories qui ne donnent aucune détermination à leurs concepts, et par là même aussi ne les bornent point aux conditions de la sensibilité; de sorte que rien ne peut nous empêcher d'attribuer à cet être une causalité de raison par rapport au monde et de nous élever au théisme, sans être obligés de faire de cette raison son attribut en soi, sa propriété essentielle. — Je dis en premier lieu qu'elle est nécessaire, car c'est le seul moyen possible de pousser jusqu'à son degré le plus élevé, toujours d'accord avec lui-même, l'usage de la raison, relatif à la totalité de l'expérience possible dans le monde sensible, alors qu'on admet une raison suprême comme cause de toutes les liaisons dans le monde sensible; un tel principe doit lui être toujours utile, sans jamais lui devenir nuisible dans son usage expérimental. Et je dis en second lieu qu'elle est aisée, car nous appliquons la raison non point comme une propriété à l'être premier en lui-même, mais à son rapport avec le monde sensible, et ainsi l'anthropomorphisme est entièrement évité. En effet, il ne s'agit ici que de la cause de la forme rationnelle qui se montre de toute part dans le monde, et lorsque nous attribuons la raison à l'être suprême en tant qu'il contient le fondement de cette forme rationnelle du monde, c'est simplement par analogie, c'est-à-dire en tant que cette expression désigne le rapport que cette cause suprême inconnue soutient avec le monde, afin de donner à toutes choses une détermination aussi conforme qu'il est possible à la raison. On évite par là d'attribuer à Dieu la raison comme une propriété, on en fait simplement usage pour concevoir le monde, comme cela est nécessaire pour atteindre suivant un principe le plus grand usage possible de la raison relative au monde.

Nous reconnaissons ainsi que l'être suprême, considéré en lui-même, est tout à fait impénétrable, et que la pensée est incapable d'en acquérir une détermination; ce qui, d'après la conception que nous avons de la raison, cause efficiente (grâce à la volonté), nous interdit tout à la fois d'en faire un usage transcendant, pour déterminer la nature divine par des propriétés simplement empruntées à la nature humaine, de nous égarer ainsi dans des concepts grossiers ou mystiques; et d'autre part de noyer l'observation du monde dans des explications hyperphysiques, suivant des concepts transportés de la raison humaine en Dieu, et de détourner par là cette observation de sa fonction propre qui est d'étudier la nature seulement à l'aide de la raison, et non point du tout d'oser déduire les phénomènes d'une raison suprême. L'expression adéquate de cette pensée infirme qui est la nôtre sera donc que nous concevons le monde comme s'il tenait son existence et sa destination intime d'une raison suprême; par là, nous pouvons d'une part connaître la constitution intime du monde lui-même sans toutefois prétendre en déterminer la cause en elle-même; et d'autre part placer dans le rapport de la cause suprême au monde le principe de cette constitution (la forme rationnelle du monde) en constatant précisément que le monde ne se suffit pas à lui-même [1].

Ainsi s'évanouissent les difficultés qui semblaient ruiner le théisme ; au principe fondamental de Hume qui nous interdit de pousser l'usage dogmatique de la raison au delà du domaine de l'expérience possible, s'ajoute en effet un autre principe qui échappe complètement à Hume : c'est qu'il ne faut jamais considérer le domaine de l'expérience possible comme une chose qui, aux yeux de notre raison, se limite d'elle-même. La critique de la raison détermine ici justement le véritable milieu entre le dogmatisme qu'il combattait et le scepticisme qu'il préconisait : milieu bien différent de ceux que l'on nous engage à déterminer mécaniquement pour ainsi dire (un peu de l'un, un peu de l'autre), et

---

[1]. Je dirai : la causalité de la cause suprême est par rapport au monde ce qu'est la raison humaine par rapport à l'œuvre d'art. Ainsi la nature de la cause suprême demeure inconnue : je compare seulement son effet que je connais (l'ordre du monde) et sa conformité à la raison avec l'effet de la raison humaine qui m'est également connu, et par conséquent j'appelle la première cause une raison sans cependant entendre par là précisément ce que j'entends dans l'homme par cette expression, ou sans lui attribuer comme sa propriété une qualité que je connaîtrais d'ailleurs.

qui n'apprennent à personne le mieux véritable ; mais une sorte de moyenne exactement déterminable suivant des principes.

§ 59.

Au début de cette remarque, je me suis servi de la métaphore de limite pour désigner les bornes qu'a la raison dans son usage légitime. Le monde sensible ne contient que de purs phénomènes ; ce ne sont pas des choses en soi ; mais précisément parce que, pour l'entendement, les objets de l'expérience ne sont que de purs phénomènes, l'entendement doit admettre l'existence de ces choses en soi (*noumena*). Notre raison embrasse donc à la fois ces deux existences, et l'on se demande comment procède la raison pour limiter l'entendement sur ces deux terrains. L'expérience, qui renferme tout ce qui appartient au monde sensible, ne se limite pas elle-même, elle va toujours d'un conditionné à un autre conditionné. Ce qui doit la limiter doit être totalement en dehors d'elle, et c'est le domaine des êtres purement intelligibles. Mais ce domaine est pour nous un espace vide, quand il s'agit de déterminer la nature de ces êtres purement intelligibles ; nous ne pouvons dépasser le domaine de l'expérience possible, en continuant de faire usage de concepts dogmatiquement déterminés. Mais comme une limite est une chose positive, qui appartient à la fois au contenu interne et à l'espace situé en dehors de sa surface donnée, elle constitue véritablement une connaissance positive, dont participe la raison qui s'étendra justement jusqu'à cette limite, sans toutefois tenter de la dépasser, parce qu'en dehors elle se trouverait en face d'un espace vide, où elle peut bien concevoir des formes pour les choses, non point les choses en elles-mêmes. Or la limitation du domaine de l'expérience par une chose qui lui est d'ailleurs inconnue demeure cependant une connaissance qui subsiste pour la raison dans cet état même, car elle n'est pas renfermée à l'intérieur du monde sensible, et ne s'égare point en dehors, mais ainsi qu'il convient à une connaissance de limite, elle est bornée simplement au rapport de ce qui est renfermé au dedans.

La théologie naturelle est un concept de cette espèce situé à la limite de la raison humaine, puisqu'elle se voit obligée de s'élever à l'idée d'un être suprême (et aussi, dans ses relations avec la pratique, à l'idée d'un monde intelligible); — non qu'elle prétende découvrir par là une détermination relative à cet être purement intelligible, en dehors par suite du monde sensible, mais elle veut diriger son propre usage dans l'expérience, suivant les principes de la plus grande unité possible (tant théorique que pratique); et dans cette vue se servir du rapport de cette unité à une raison autonome, cause de toutes ces liaisons. Ce n'est donc point purement et simplement se créer un être à sa propre imagination, mais comme nécessairement en dehors du monde sensible il existe quelque chose que seul l'entendement pur conçoit, c'est la seule façon de le déterminer, bien que ce soit une pure analogie.

Ainsi subsiste notre position précédente qui est le résultat de toute la *Critique* : la raison avec tous ses principes *a priori* ne nous fait connaître rien de plus que les simples objets de l'expérience possible, et de ces objets eux-mêmes rien de plus que ce qui peut en être connu dans l'expérience; mais cette expérience ne l'empêche pas de nous mener jusqu'aux limites objectives de l'expérience, c'est-à-dire jusqu'à un rapport à quelque chose qui n'est pas lui-même objet d'expérience, mais principe suprême de toute expérience, sans toutefois nous apprendre rien de ce principe considéré en lui-même, mais seulement du rapport qu'il soutient avec son usage parfait et dirigé vers le but le plus élevé dans le champ de l'expérience possible. Telle est aussi la seule utilité que l'on puisse raisonnablement souhaiter, et l'on a sujet de s'en contenter.

§ 60.

Ainsi nous avons exposé et développé la possibilité subjective d'une métaphysique telle qu'elle est donnée en fait dans la disposition naturelle de la raison humaine, telle qu'elle forme le but essentiel de son activité. Nous avons trouvé que, si une discipline, que seule la critique scientifique peut rendre possible, ne vient lui mettre un frein et la contenir dans ses bornes, l'usage simplement naturel d'une pareille disposition de notre raison l'égare dans des conclusions transcendantes, dont les unes sont simplement spécieuses, dont les autres, se combattant entre elles, sont dialectiques; nous avons montré en outre que cette métaphysique faite de logomachie est inutile à la connaissance de la nature, et qu'elle lui est même nuisible, et toujours pourtant il demeure un problème digne de nos efforts: découvrir les fins de la nature auxquelles doit être rapportée cette disposition de notre raison à former des concepts transcendants, parce que tout ce qui est dans la nature peut dans son origine être rapporté à une vue d'utilité.

En fait, une pareille recherche est périlleuse : aussi je reconnais que les choses que je pourrais dire à ce sujet, comme tout ce qui touche aux fins premières de la nature, ne sont que de pures conjectures; mais, dans ce cas, elles me seront bien permises, puisqu'il s'agit de déterminer non point la valeur objective des jugements métaphysiques, mais notre disposition naturelle à les former, et qu'on sort ainsi du système de la métaphysique pour rentrer dans l'anthropologie.

Or, en considérant toutes les idées transcendantales dont l'ensemble forme les fonctions propres de la raison pure naturelle à l'homme, qui la contraint d'abandonner la simple observation de de la nature, pour s'élever au-dessus de toute expérience possible, et de constituer par cet effort la chose, science ou logomachie, qui s'appelle métaphysique, je crois m'apercevoir que le but de cette disposition naturelle est d'affranchir notre pensée des chaînes de l'expérience et des bornes de la simple observation de la nature, pour lui permettre au moins d'apercevoir un champ ouvert devant elle, dont les objets n'existeront que pour l'entendement pur, inaccessible toujours à la sensibilité ; mais ce n'est point sans doute afin que nous fassions de ces idées l'objet de notre spéculation, car nous ne trouverions plus alors un terrain où nous pourrions avoir pied, mais afin que nous nous attachions aux principes pratiques, qui, sans un espace libre qui nous force de les attendre et de les espérer, ne pourraient atteindre à cette universalité qui est pour les vues morales de la raison un irrésistible besoin.

Je constate en effet que, si l'idée psychologique ne peut rien m'apprendre sur l'essence pure de l'âme humaine, élevée au-dessus de tout concept expérimental, au moins elle me démontre assez clairement l'insuffisance de l'expérience; et par là elle m'éloigne du matérialisme, comme d'une conception psychologique qui fausse l'explication de la nature et restreint les vues pratiques de la raison. De même, en démontrant que toute connaissance possible dans la nature est incapable de satisfaire aux exigence légitimes de la raison, les idées cosmologiques servent à nous éloigner du naturalisme qui veut donner une explication de la nature se suffisant à elle-même. Enfin, comme d'une part toute nécessité naturelle a toujours ses conditions dans le monde sensible, puisqu'elle suppose toujours la dépendance mutuelle des choses, comme d'autre part la nécessité inconditionnée ne peut être cherchée que dans l'unité d'une cause distincte du monde sensible, dont la causalité, si elle était toute naturelle, ne nous mettrait jamais en mesure de comprendre l'existence du contingent comme sa conséquence, l'idée théologique permet à la raison de se dégager du fatalisme, c'est-à-dire de la conception d'une aveugle nécessité de la nature, soit dans la connexion de la nature elle-même qui se passerait de principe premier, soit dans la causalité de ce principe lui-même, et elle conduit ainsi au concept d'une cause par liberté, c'est-à-dire d'une intelligence suprême. Les idées transcendantales donc, à défaut d'un enseignement positif, ont cette utilité de détruire les affirmations téméraires qui restreignent le domaine de la raison, matérialisme, naturalisme ou fatalisme; et par suite, de réserver un espace libre aux idées morales, en dehors du champ de la spéculation; et voilà, ce me semble, qui expliquerait dans une certaine mesure cette disposition naturelle.

L'utilité pratique que peut avoir une science purement spéculative demeure en dehors des limites de cette science, elle peut donc être considérée comme un simple scolie qui, comme tous les scolies, ne forme pas une partie de la science elle-même. La philosophie, toutefois, contient ce rapport d'utilité à l'intérieur même de ses limites et surtout cette philosophie qui puise aux sources pures de la raison, où l'usage spéculatif de la raison en métaphysique et son usage pratique en morale doivent nécessairement trouver leur unité. Par suite, si, considérée comme un effet naturel, la dialectique inévitable de la raison pure en métaphysique n'est qu'une pure illusion qui a besoin d'être dissipée, conçue comme une œuvre de la nature, elle mérite d'être expliquée, si cela est possible, par son but, bien qu'on ne soit pas en droit d'affirmer que cette explication rende un grand service à la métaphysique proprement dite. On doit regarder comme un second scolie, qui se rattache, il est vrai, plus étroitement à l'objet de la métaphysique, la solution des questions qui sont soulevées dans la *Critique* (pages 642-668 *). Là sont exposés en effet certains principes de la raison qui déterminent *a priori* l'ordre de la nature, ou plutôt l'entendement qui doit chercher

---

* Trad. Barni, t. II, p. 228-251.

leurs lois par l'expérience : ces principes apparaissent relativement à cette expérience comme constitutifs et législatifs, quoiqu'ils aient leur origine dans la raison pure qu'on ne peut pas réduire, comme on réduit l'entendement, à n'être que le principe de l'expérience possible. Dès lors, si cet accord repose sur ce fondement qu'il ne dépend pas de la sensibilité elle-même comme la nature dépend des phénomènes ou de leur source, mais qu'il se rencontre seulement dans le rapport qui unit la sensibilité à l'entendement, alors l'entendement devient capable d'atteindre à l'unité complète de son usage en vue de toute l'expérience possible, unité qui se réalise dans un système, mais seulement par rapport à la raison ; et par suite aussi l'expérience devient indirectement soumise à la législation de la raison ; et ceux-là pousseront plus loin leurs méditations, qui veulent rechercher la nature de la raison même hors de son usage dans la métaphysique ou dans les principes universels afin d'en exposer systématiquement l'histoire naturelle ; car si j'ai montré dans cet ouvrage l'importance de la question, je n'en ai point entrepris la résolution [1].

---

1. Ç'a été dans la *Critique* mon dessein persistant de ne rien négliger de ce qui pourrait rendre complètes nos

Et ainsi je termine la solution analytique de la question capitale que j'avais posée moi-même : comment la métaphysique en général est-elle possible? partant de ce qui me donnait en fait une application, ou tout au moins une conséquence de son usage, je suis remonté jusqu'aux principes de sa possibilité.

recherches sur la nature de la raison pure, si profondément qu'elle semblât se cacher à nos regards. Chacun est libre de pousser ses recherches aussi loin qu'il voudra, une fois qu'il possède l'indication des questions à traiter; et c'est précisément cette indication qu'on était en droit d'attendre de l'homme qui s'est donné pour tâche de mesurer le terrain tout entier, laissant à d'autres le soin d'y élever plus tard l'édifice et d'en distribuer à leur gré les parties; tel est précisément l'objet de ces deux scolies que, en raison de leur aridité, je ne recommanderai guère aux amateurs : mais aussi ne les ai-je écrits que pour les connaisseurs.

RÉSOLUTION

DU PROBLÈME GÉNÉRAL DES PROLÉGOMÈNES

Comment la métaphysique est-elle possible comme science?

La métaphysique est réelle comme disposition naturelle de la raison, mais considérée en elle-même, elle est dialectique et trompeuse (comme l'a prouvé la solution analytique de la troisième question capitale). Qui voudra en tirer les premiers principes et s'en servir en obéissant à une illusion qui, pour être naturelle, n'en sera pas moins mensongère, ne pourra jamais arriver à la science, ne produira qu'un art de dialectique sans valeur, où une école peut en éclipser une autre, mais sans parvenir jamais à obtenir un succès légitime et durable.

Pour que la métaphysique puisse, comme

science, fonder ses prétentions non plus sur une croyance trompeuse, mais sur l'intelligence des choses et la certitude réelle, il faut qu'une critique de la raison elle-même détaille, dans un système complet, l'ensemble des concepts *a priori*, leur division, d'après leurs sources différentes (sensibilité, entendement et raison), il faut qu'elle en dresse une table complète, qu'elle analyse ces concepts et tout ce qui en peut sortir, qu'enfin et surtout elle explique par la déduction la possibilité de la connaissance synthétique *a priori*, des principes et des limites de son emploi. Une critique et une critique seule contient donc le plan entier, éprouvé, vérifié, d'une métaphysique et même tous les moyens de perfectionnement qui permettent à la métaphysique de devenir une science. Toutes les autres voies et tous les autres moyens la rendent impossible. La question est donc moins de savoir comment un tel travail est possible que de savoir comment il peut être mis en train, comment de bons esprits qui se sont fourvoyés jusqu'ici dans des travaux stériles, pourront être ramenés vers une œuvre qui ne trompera pas, comment enfin on peut le mieux produire l'union générale en vue d'une fin commune.

Ceci du moins est certain : quiconque a goûté une fois de la critique est éternellement dégoûté du bavardage dogmatique auquel il prenait nécessairement plaisir autrefois, tant que sa raison avait besoin de quelque chose et ne trouvait rien de mieux pour sa subsistance. La critique est aux écoles vulgaires de métaphysique ce qu'est la chimie à l'alchimie, ou l'astronomie à l'astrologie divinatrice. Je suis sûr qu'il n'y a pas d'homme qui, après avoir médité et compris les principes de la critique, ne fût-ce que dans ces *Prolégomènes*, reviendra jamais à son ancienne et sophistique science d'illusion; au contraire, il verra avec un certain plaisir une métaphysique qui désormais est dans toute sa force, qui n'a plus besoin d'aucune découverte préliminaire, qui, pour la première fois enfin, donne à la raison une satisfaction durable. Car c'est là un avantage sur lequel la métaphysique seule, entre toutes les sciences possibles, peut compter avec assurance; elle peut espérer d'arriver à sa perfection, à un état d'excellence où elle ne pourra plus subir de transformation, où elle ne pourra plus s'augmenter par des découvertes nouvelles; car la raison n'a pas ici les sources de sa connaissance dans les objets ni dans l'intuition de ces objets (qui ne pourront jamais lui rien apprendre de nouveau), elle les a en elle-même, et lorsqu'elle aura des lois fondamentales de son pouvoir une connaissance complète et à l'abri de toute méprise, il ne restera rien que la raison pure puisse connaître *a priori*, il ne restera même plus de question qu'elle soit fondée à soulever. La perspective assurée d'une science aussi déterminée et aussi fermée possède en soi un attrait singulier alors même qu'on laisse de côté toute question d'utilité (question dont j'aurai encore à parler plus loin).

Tout art faux, toute science vaine dure son temps, puis se détruit de soi-même; et le moment de sa plus haute culture est en même temps l'instant de sa chute. Pour la métaphysique, ce moment est arrivé; c'est ce que prouve l'état dans lequel elle est tombée chez tous les peuples savants alors que toutes les sciences y sont étudiées avec tant de zèle. L'ancienne police des universités conserve encore son ombre, une seule académie des sciences provoque encore de temps en temps, par des prix qu'elle promet, quelques recherches sur son domaine, mais la métaphysique n'est plus comptée parmi les sciences fondamentales et l'on comprend qu'un homme d'esprit, si l'on voulait le nommer grand métaphysicien, refuserait ce titre décerné dans une bonne intention, mais qui ne fait envie à personne.

Mais, si le temps de la décadence de toute métaphysique dogmatique est incontestablement arrivé, il s'en faut encore de beaucoup que l'on puisse dire que le temps de sa résurrection par la critique profonde et complète de la raison soit déjà venu. Lorsqu'on passe d'une inclination à l'inclination contraire, il y a toujours un instant d'indifférence, et cet instant est le plus dangereux de tous pour un écrivain, mais il me semble qu'il est le plus favorable à la science; car, lorsque la dissolution complète des liens antérieurs a tué l'esprit de parti, les intelligences sont dans la meilleure disposition pour écouter des propositions en faveur d'une nouvelle union conçue d'après un tout autre plan.

Quand j'ose espérer que ces *Prolégomènes* susciteront peut-être des recherches dans le domaine de la critique, qu'ils donneront à l'esprit général de la philosophie l'aliment qui paraît lui manquer dans la partie spéculative (j'entends un nouvel objet d'occupation gros de promesses), je sais bien que je puis déjà être certain par avance que quiconque aura été mécontent et dégoûté du chemin semé d'épines que je lui ai fait suivre dans la critique, me demandera : « Sur quoi pouvez-vous bien fonder cette espérance? » Je réponds : *Sur la loi irrésistible de la nécessité.*

Attendre que l'esprit humain abandonne une fois pour toutes les recherches métaphysiques, c'est attendre que, las de respirer toujours un air impur, nous cessions une fois pour toutes de respirer. Il y aura donc en tout temps dans le monde, et, ce qui est plus, dans chaque homme, surtout dans tout homme qui pense, une métaphysique que, faute d'une règle manifeste, chacun taillera à sa guise. La connaissance qui a pris le nom de métaphysique ne peut suffire à aucun esprit réfléchi, mais il est impossible aussi d'y renoncer complètement; il faut donc tenter enfin soi-même une critique de la raison pure, ou, s'il en existe déjà une, l'examiner, et la soumettre à une épreuve universelle; car il n'y a pas d'autre moyen de satisfaire à ce besoin pressant, qui est plus qu'une simple curiosité.

Depuis que je connais la critique, chaque fois que j'ai eu terminé la lecture d'un ouvrage de métaphysique, qui me plaisait et me servait par la précision de ses concepts, par la variété, l'ordre et la facilité de son exposition, je n'ai pu m'empêcher de me poser cette question : Cet auteur a-t-il réellement fait avancer d'un seul pas la métaphysique? Je demande pardon aux savants dont les écrits m'ont été utiles à un autre point de vue et qui ont toujours contribué à la culture de mon âme, je leur demande pardon d'avouer que, ni dans leurs recherches, ni dans mes recherches antérieures (et cependant mon amour-propre parle en leur faveur), je n'ai pu trouver que cette même métaphysique ait fait un seul pas; et il y a de cela des raisons bien naturelles : cette science n'existait pas encore à ce moment, et elle ne peut pas se composer de pièces et de morceaux : il faut qu'avant tout son germe soit entièrement formé dans la critique. Mais, pour prévenir toute méprise, il faut bien se rappeler ce que j'ai dit précédemment : le maniement analytique de nos concepts a sans doute beaucoup servi à l'intelligence, mais la science métaphysique n'en a été nullement étendue; car ces décompositions de concepts ne fournissent que des matériaux qui, plus tard seulement, doivent être employés à la construction de la science. Ainsi, on peut faire les plus belles analyses et les plus belles déterminations des concepts de substance et d'accident; rien de mieux comme préparation à leur emploi futur; mais si je ne puis pas prouver que la substance persiste dans tout ce qui est réellement, ou que les accidents seuls changent, toute l'analyse que j'aurai faite n'aura pas avancé la science d'un pas. Actuellement, la métaphysique n'a pu démontrer d'une manière valable, ni ce principe, ni le principe de raison suffisante, ni un principe intermédiaire se rapportant par exemple à la psychologie ou à la cosmologie, ni en général aucune proposition synthétique *a priori* : toute cette analyse n'a donc servi de rien; elle n'a ni donné de solution, ni posé de question, et après tant de fouilles et de fracas, la science en est encore où elle en était au temps d'Aristote, tandis qu'il eût suffi de trouver le fil conducteur de la connaissance synthétique pour l'élever à un état de perfection incontestablement supérieur.

Si quelqu'un se croit offensé par cette accusation, il peut aisément la réduire à néant, il n'a qu'à produire une seule proposition synthétique appartenant à la métaphysique, et à s'engager à en donner *a priori* une preuve dogmatique; c'est seulement alors, s'il réussit, que je lui accorderai qu'il a réellement fait progresser la science, la proposition dont il s'agit fût-elle d'ailleurs suffisamment établie par l'expérience commune. On ne saurait poser de condition plus juste ni plus modérée; et, dans le cas (infailliblement certain) où l'on n'y satisferait pas, aucune affirmation ne peut être plus fondée que celle-ci : la métaphysique, comme science, n'a pas encore commencé d'exister.

Il y a deux choses que je défends à mon adversaire dans le cas où mon appel serait entendu : la première, c'est de se servir du jeu de la vraisemblance et de l'hypothèse, qui sont aussi funestes à la métaphysique qu'à la géométrie; la seconde, c'est de décider à l'aide de la baguette divinatrice du prétendu bon sens qui ne révèle rien à personne, mais qui se plie au caractère particulier de chacun.

Pour le premier point, en effet, rien de plus absurde dans une métaphysique, dans une philosophie de la raison pure, que de vouloir fonder ses jugements sur la vraisemblance et sur l'hypothèse. Tout ce qui doit être connu *a priori* est donné par là même comme apodictiquement certain, il faut par conséquent le démontrer comme tel. A ce compte, on pourrait aussi bien fonder sur des possibilités une géométrie ou une arithmétique; car il faut observer qu'en mathématiques, le calcul des probabilités ne contient même pas de jugements vraisemblables, mais des jugements tout à fait certains sur le degré de possibilité de certains cas dans certaines conditions données, conditions qui ne peuvent manquer de se produire dans la somme de tous les cas possibles, suivant une loi qui reste pourtant insuffisamment déterminée pour chaque cas particulier. C'est seulement dans la physique empirique que les hypothèses sont permises (au moyen de l'induction et de l'analogie), et encore à la condition tout au moins que la possibilité de l'hypothèse adoptée soit absolument certaine.

L'appel au bon sens à propos de concepts et de principes dont on veut établir la valeur, non pas relativement à l'expérience, mais indépendamment de l'expérience, est, si c'est possible, encore pire. Qu'est-ce en effet que le bon sens? C'est le sens commun, lorsqu'il juge sainement. Et qu'est-ce maintenant que le sens commun? C'est le pouvoir de connaître et d'employer les règles *in concreto*, par opposition à l'intelligence spéculative, pouvoir de connaître les règles *in abstracto*. Ainsi, le sens commun comprendra à peine la maxime : tout ce qui arrive est déterminé par sa cause; jamais du moins il ne pourra la saisir ainsi sous son aspect universel. Il en demande un exemple tiré de l'expérience, et quand il apprend qu'elle n'est que l'expression de ce qu'il a toujours pensé lorsqu'on a brisé un carreau ou volé un meuble, il comprend et reconnaît ce principe. Le sens commun n'a donc d'usage que là où il peut voir ses règles, qui sont cependant en lui *a priori*, confirmées dans l'expérience; par suite, lorsqu'il s'agit d'apercevoir ces règles *a priori* et indépendamment de l'expérience, ce rôle revient à l'intelligence spéculative et dépasse absolument l'horizon du sens commun. Or, la métaphysique n'a affaire qu'à cette connaissance *a priori* : d'où il suit que c'est assurément une mauvaise marque de bon sens que de se réclamer d'un garant qui n'a point ici d'autorité pour juger, et pour qui l'on n'a qu'un regard de mépris jusqu'au jour où l'on se voit en danger et où l'on ne sait se guider et se soutenir soi-même à travers la spéculation.

C'est chez ces faux amis du sens commun qui l'estiment à l'occasion, mais d'ordinaire le méprisent, un subterfuge habituel de dire : « Il doit y avoir en définitive quelques propositions immédiatement certaines qu'on n'a jamais besoin de démontrer ni même de justifier parce que sans elles on n'en finirait jamais de remonter aux principes de ses jugements ». Mais pour prouver cette affirmation, en dehors du principe de contradiction qui ne suffit pas à établir la vérité des jugements synthétiques, ils ne peuvent jamais, en fait de chose indubitable dont ils puissent attribuer au sens commun la connaissance immédiate, alléguer d'autre exemple que celui des propositions mathématiques : par exemple, deux fois deux font quatre; entre deux points on ne peut mener qu'une ligne droite, etc. Mais ce sont là des jugements qu'un abîme sépare des jugements métaphysiques. Car en mathématiques je puis créer par la pensée même (construire) tout ce que mes concepts me représentent comme possible; j'additionne deux et deux et je crée le nombre quatre; je mène par la pensée d'un point à un autre des lignes de toute espèce et je n'en puis mener qu'une seule qui soit semblable à elle-même dans toutes ses parties (égales ou inégales). Mais, même en m'appliquant de toutes les forces de ma pensée, je ne puis pas tirer du concept d'une chose le concept d'une autre chose dont l'existence est liée nécessairement à la première; il faut que je consulte l'expérience, et bien que mon entendement me donne immédiatement *a priori* (quoique ce soit toujours par rapport à une expérience possible) le concept d'une liaison pareille (la causalité), je ne puis pas cependant, comme je fais pour les concepts de la mathématique, le représenter *a priori* dans l'intuition, et établir ainsi *a priori* sa possibilité; or, ce concept, avec les principes de son application, pour être valable *a priori* — comme le demande la métaphysique, — a toujours besoin d'une justification et d'une déduction de sa possibilité, sans quoi on ne sait pas jusqu'où s'étend sa valeur, où son usage se restreint à l'expérience, où il la dépasse. On ne peut donc jamais, tant que la métaphysique demeure une science spéculative de la raison pure, en appeler au sens commun, mais on le peut lorsqu'on est forcé de l'abandonner, lorsqu'on est forcé de renoncer à toute connaissance spéculative pure, qui doit toujours être une science, à la métaphysique elle-même et à l'instruction qu'elle nous donne dans certaines circonstances, et alors on trouve qu'une croyance raisonnable nous est seule possible, qu'elle suffit à nos besoins (mieux peut-être que la science elle-même). Car alors l'aspect des choses est entièrement transformé. La métaphysique doit être une science, et non seulement dans l'ensemble, mais même dans toutes ses parties, sans quoi elle n'est rien; car, comme spéculation de la raison pure, elle n'a rapport absolument qu'aux connaissances universelles. En dehors d'elle cependant, la vraisemblance et le sens commun peuvent avoir un emploi utile et légitime; mais cela d'après des principes qui leur sont tout à fait spéciaux et qui tirent toujours leur autorité de leur effet pratique.

Voilà les conditions que je me crois autorisé à réclamer pour la possibilité d'une métaphysique comme science.

APPENDICE

SUR LES CONDITIONS QUI POURRONT RÉELLEMENT FAIRE DE LA MÉTAPHYSIQUE UNE SCIENCE

Puisque tous les chemins que l'on a suivis jusqu'ici n'ont pas mené au but, puisque sans une critique préalable de la raison pure un pareil but ne sera jamais atteint, il ne semble pas exagéré de réclamer pour l'essai que nous présentons ici une critique précise et minutieuse, à moins qu'on ne juge plus convenable d'abdiquer d'abord toute prétention à la métaphysique, auquel cas, et si l'on reste fidèle à son projet, il n'y a pas d'objection à faire. Prenons le cours des choses tel qu'il est réellement, et non tel qu'il devrait être, on peut prononcer deux sortes de jugements : un jugement qui précède la recherche; par exemple, dans notre cas, le jugement que le lecteur tire de sa métaphysique sur la critique de la raison pure (qui elle-même doit tout d'abord rechercher la possibilité de la métaphysique); et un autre jugement, qui suit la recherche, où le lecteur a la faculté de laisser un moment de côté les conclusions de ces recherches critiques qui paraissent assez dures contre la métaphysique qu'il avait autrefois admise et se met à examiner les principes mêmes d'où étaient déduites ces premières conclusions. Si ce qu'on appelle métaphysique commune était achevé d'une façon certaine, comme l'est la géométrie, le premier jugement serait valable : car si les conséquences de certains principes contredisaient des vérités constituées, par cela seul, et sans qu'il faille plus longtemps les examiner, ces principes seraient faux et on devrait les rejeter. Mais s'il ne se trouve pas en réalité que la métaphysique possède un fonds de principes synthétiques d'une incontestable certitude, si peut-être même une foule d'entre eux, aussi spécieux que les plus solides eux-mêmes, se contredisent dans leurs conséquences mutuelles, si nulle part il ne peut se rencontrer en elle un critérium sûr de la vérité des principes proprement métaphysiques, c'est-à-dire synthétiques, le premier des jugements dont nous parlions ne trouve pas à s'appliquer, et la recherche des principes de la critique doit précéder tout jugement qui décidera si cette critique a une valeur ou non.

Épreuve d'un jugement sur la Critique, prononcé avant toute recherche.

On peut trouver un pareil jugement dans les « Nouvelles savantes » de Gœttingue. (Supplément du troisième article, 19 janvier 1782, p. 40 et suiv.)

Si un écrivain qui s'est pénétré de l'objet de son œuvre, qui s'est appliqué à faire passer complètement toute sa réflexion personnelle dans l'élaboration de ses ouvrages, tombe sous la main d'un critique, si le critique de son côté est assez perspicace pour bien découvrir les moments qui font proprement qu'un écrit a une valeur ou n'en a pas, s'il ne s'arrête pas aux mots, mais s'il va jusqu'aux choses mêmes, sans se contenter de passer au crible et d'éprouver les principes dont l'auteur est parti, il se peut que la rigueur des jugements déplaise à l'auteur, mais le public par contre y demeure indifférent, car il y gagne; et l'écrivain lui-même peut en être content, car il y trouve l'occasion de justifier ou d'éclaircir ses principes qu'un connaisseur a examinés de bonne heure, et par là, s'il croit avoir raison au fond, d'écarter à temps la pierre d'achoppement qui dans la suite pourrait devenir funeste à son œuvre.

Mais je me trouve avec mon critique dans une position toute différente. En effet il ne semble pas apercevoir la portée singulière de la recherche à laquelle je me suis livré avec ou sans succès, et, soit impatience de méditer un ouvrage aussi étendu, soit mauvaise humeur de voir la réforme imminente d'une science sur laquelle il croyait avoir depuis longtemps fait la lumière, soit, et c'est une conjecture que je fais à contre-cœur, qu'il faille s'en prendre à une étroitesse réelle de conception qui l'empêcherait d'élever sa pensée au-dessus de sa métaphysique d'école, bref, il déroule brusquement une longue série de propositions auxquelles il est impossible de rien comprendre, si l'on n'en connait les prémisses, et çà et là il jette un blâme dont le lecteur ne saisit pas la raison plus qu'il ne saisit les propositions elles-mêmes qu'il condamne; ce qui rend ce critique aussi incapable de servir le public et de le renseigner, que de me nuire dans l'esprit des connaisseurs. Aussi aurais-je passé complètement ce jugement sous silence, s'il ne donnait occasion à quelques éclaircissements capables de mettre dans certains cas le lecteur de ces *Prolégomènes* en garde contre une méprise.

Afin d'avoir un point de vue d'où il puisse sans peine aucune présenter l'ouvrage tout entier sous un jour défavorable à l'auteur, sans aller se fatiguer pourtant dans une recherche particulière, il commence et il termine en disant : « Cet ouvrage est un système d'idéalisme transcendantal (ou, suivant sa traduction, d'idéalisme élevé) [1] ».

A la vue de cette ligne, je compris bientôt ce que c'était que cette critique; quelque chose

---

[1]. Ce n'est nullement un idéalisme élevé. Les tours élevées et les hommes de haute métaphysique qui leur ressemblent, ne sont nullement de mon goût : d'ordinaire il fait trop de vent autour d'eux. Ma place, c'est le Bathos fertile de l'expérience; et le mot transcendantal, dont le sens tant de fois expliqué par moi n'a pas été compris une seule fois par mon critique (tant son regard a été superficiel), ne s'applique à rien qui sorte de l'expérience il signifie ce qui précède l'expérience *a priori*, mais dans le but unique et exclusif de rendre possible la connaissance empirique. Si ces concepts dépassent l'expérience, leur usage devient ce qu'on appelle transcendant, distinct de l'usage immanent, c'est-à-dire réduit aux limites de l'expérience. Mon ouvrage a prévenu d'une façon suffisante toutes les méprises de ce genre; mais le critique y trouvait son compte.

comme ceci : un homme qui n'a jamais rien entendu, rien vu de la géométrie, trouve un Euclide, il est prié de prononcer un jugement sur cet ouvrage. Il parcourt le livre, tombe sur un grand nombre de figures et il dit : « Ce livre est un manuel de dessin, l'auteur se sert d'une langue particulière pour donner des règles obscures, inintelligibles, qui en fin de compte ne nous avancent pas plus que ne pourrait faire un bon coup d'œil naturel, etc. ».

Examinons donc ce que c'est que cet idéalisme qui traverse tout mon ouvrage, bien qu'il soit loin d'être l'âme du système.

Le principe de tout idéalisme véritable, depuis l'école d'Élée jusqu'à l'évêque Berkeley, est contenu dans cette formule : « La connaissance des sens et de l'expérience n'est rien que pure illusion; et c'est dans les seules idées de l'entendement pur et de la raison pure que réside la vérité ».

Le principe qui régit et détermine complètement mon idéalisme, est celui-ci : « Toute connaissance des choses tirée de l'entendement pur et de la raison pure n'est rien que pure illusion, et c'est dans l'expérience que réside la vérité ».

Ma doctrine est directement le contraire de

l'idéalisme proprement dit. Comment suis-je donc arrivé à me servir de ce mot pour désigner une conception tout opposée, et comment le critique, lui, est-il arrivé à l'y retrouver partout?

La solution de cette difficulté repose sur un principe que l'on aurait pu très facilement tirer de l'ensemble de l'ouvrage, si on avait voulu. L'espace et le temps avec tout ce qu'ils renferment, ne sont pas choses en soi, ni propriétés de choses en soi; ils appartiennent simplement à leurs phénomènes; je le reconnais avec les idéalistes. Mais les idéalistes, et Berkeley en particulier, voyaient dans l'espace une représentation simplement empirique qui, tout comme les phénomènes de l'espace, nous était connue avec toutes ses déterminations, au moyen de l'expérience, ou de la perception. Moi, au contraire, j'ai montré que l'espace avec toutes ses déterminations (et le temps également, auquel Berkeley ne faisait pas attention) pouvait être connu *a priori*, parce que l'espace aussi bien que le temps sont en nous avant toute perception ou toute expérience, comme la pure forme de la sensibilité, et qu'ils rendent possible toute intuition d'eux-mêmes, et avec eux tous les phénomènes. Et la conséquence c'est, puisque la vérité repose, comme sur son évidence, sur des lois universelles et nécessaires, que l'expérience chez Berkeley ne peut avoir de critérium de vérité, parce qu'il n'a pas donné aux phénomènes dans l'espace et dans le temps de principe *a priori*, ce qui en fait une pure illusion : pour moi au contraire l'espace et le temps unis aux concepts purs de l'entendement prescrivent *a priori* leur loi à toute expérience possible, principe qui nous fournit en même temps le critérium sûr qui distinguera en elle la vérité de l'illusion [1].

Mon idéalisme, l'idéalisme proprement critique, est donc d'une nature toute particulière, si particulière qu'il renverse l'idéalisme ordinaire, qu'il confère pour la première fois à toute connaissance *a priori*, à la géométrie elle-même, une réalité objective qui, sans la démonstration que j'ai donnée de l'idéalité de l'espace et du temps, ne pou-

1. L'idéalisme proprement dit a toujours un but mystique, et il ne peut pas en avoir d'autre; pour moi, mon but est tout simplement de comprendre la possibilité de connaître *a priori*, comme nous faisons, les objets de l'expérience, problème qui n'avait pas été résolu jusque-là, qui n'avait même pas été posé encore. Par là s'écroule cet idéalisme tout mystique qui toujours (comme déjà on peut le voir dans Platon) avait conclu de nos connaissances *a priori*, par exemple la géométrie, à une intuition différente de l'intuition sensible, à l'intuition intellectuelle, parce qu'on ne s'était pas aperçu que l'intuition sensible devait être également *a priori*.

vait être affirmée par les plus ardents d'entre les réalistes.

Dans une pareille situation j'aurais souhaité, pour prévenir toute méprise, pouvoir donner à ma conception un autre nom; mais il n'était guère possible de le changer. Qu'il me soit seulement permis de lui conserver à l'avenir cette dénomination qui lui a été donnée plus haut d'idéalisme formel, ou mieux encore d'idéalisme critique, pour le distinguer de l'idéalisme dogmatique de Berkeley ou de l'idéalisme sceptique de Descartes.

Dans cette critique de mon livre je ne trouve rien d'autre qui soit remarquable. L'auteur juge partout « en gros », manière prudemment choisie parce qu'on n'y trahit pas son savoir propre, ou son ignorance : un seul jugement développé « en détail » comme il convenait à la question capitale, aurait découvert peut-être mon erreur, peut-être aussi la limite de la sagacité du critique dans cette sorte de recherches. Ce n'est point une méchanceté bien élégante et bien raffinée que d'enlever par avance aux lecteurs qui ont l'habitude de ne se faire une idée des livres que par le compte rendu des journaux, le goût de lire un ouvrage, de débiter l'une après l'autre tout d'une haleine une foule de propositions, qui, coupées de leur connexion avec les principes qui les prouvent et qui les éclairent, et surtout quand elles sont comme les nôtres aux antipodes de la métaphysique d'école, apparaissent nécessairement comme des absurdités, de pousser le lecteur jusqu'au dégoût, et après m'avoir fait faire connaissance avec cette proposition judicieuse que l'illusion constante est la vérité, de finir par cette leçon sévère et paternelle. « Jusqu'où donc ira la lutte contre le langage reçu, jusqu'où poussera-t-il la singularité idéaliste? » Un jugement qui finit par réduire toute l'originalité de ce livre, qui devait d'abord être une hérésie métaphysique, à de simples innovations de langage, démontre clairement que celui qui s'arrogeait le droit d'être mon juge n'a pas compris le moindre mot à mon ouvrage et qu'il ne s'est pas compris lui-même [1].

1. Le critique se bat le plus souvent avec son ombre. Quand j'oppose la vérité de l'expérience au rêve, il ne réfléchit pas qu'il s'agit du fameux *somnio objective sumpto* de la philosophie de Wolf; ce rêve est purement formel, on n'y a pas égard à la différence du sommeil et de la veille, qui ne peut pas être envisagée dans une philosophie transcendantale. Ailleurs il appelle ma déduction des catégories et la table des principes de l'entendement : les principes communément reçus de la logique et de l'ontologie exprimés à la façon idéaliste. Le lecteur n'a qu'à revoir les *Prolégomènes* pour se convaincre qu'on n'en pouvait porter un jugement plus pitoyable et même historiquement plus inexact.

Mon critique parle cependant en homme qui est sûr de posséder des connaissances importantes et remarquables, mais qu'il tient encore cachées; car, en métaphysique, je n'ai rien vu récemment qui puisse justifier le ton qu'il prend. Mais alors il a grand tort de priver le monde de ses découvertes; car, sans aucun doute, beaucoup d'hommes pensent comme moi que malgré toutes les belles choses qui ont été écrites depuis longtemps sur la métaphysique ils ne peuvent en conclure que cette science ait avancé d'un pas. Aiguiser des définitions, donner à des preuves estropiées des béquilles neuves, rhabiller l'arlequin de la métaphysique avec des haillons neufs d'une coupe nouvelle, voilà sans doute les découvertes que l'on fait encore; mais le monde n'en désire plus. Le monde est rassasié des affirmations de la métaphysique; il veut connaître la possibilité de cette science, ses sources dont dépend toute sa certitude, il veut avoir des critériums sûrs pour distinguer de la vérité l'illusion dialectique de la raison pure. Aussi mon critique doit posséder cette clef de la philosophie; sans quoi il n'aurait jamais parlé sur le ton superbe qu'il a pris.

Mais, j'en viens à soupçonner qu'un grand besoin de science ne s'est peut-être jamais emparé de sa pensée ; autrement il aurait dirigé son examen sur ce point et une tentative même mal faite partant d'une conception si importante aurait excité son attention. S'il en est ainsi, nous voilà de nouveau bons amis. Il peut se plonger dans sa métaphysique aussi profondément qu'il lui plaît; personne ne l'en empêche; mais il ne peut porter un jugement sur ce qui est en dehors de la métaphysique, sur sa source rationnelle. Cependant mon soupçon n'est pas sans fondement; la preuve en est que mon critique n'a pas dit un mot de la métaphysique de la connaissance *a priori*, ce qui était la question même dont la solution décide entièrement du sort de la métaphysique, et sur laquelle roule ma *Critique* tout entière (comme ces *Prolégomènes*). L'idéalisme auquel il s'est heurté et sur lequel il est resté en suspens, n'a été introduit dans mon système que comme l'unique moyen de résoudre cette question (quoiqu'il y ait encore d'autres raisons qui le fondent); il aurait donc fallu que mon critique montrât, ou que cette question n'a pas l'importance que je lui attribue (comme je fais encore dans les *Prolégomènes*), ou qu'elle ne peut pas être résolue par ma conception des phénomènes, ou qu'elle peut l'être mieux par un autre moyen ; mais je ne trouve dans sa critique pas un mot de cela. Le critique n'a donc rien compris à mon écrit ; peut-être même n'a-t-il rien compris à l'esprit et à l'essence de la métaphysique elle-même, à moins que, ce que je croirais plus volontiers, sa hâte de critiquer qui s'indignait de la difficulté qu'il y avait à pénétrer par le travail à travers tant d'obstacles, n'ait jeté sur l'œuvre qu'il avait devant lui une ombre nuisible et n'en ait voilé pour lui les principaux traits.

Il s'en faut de beaucoup encore que, quel que soit d'ailleurs le soin extrême qu'il met à bien choisir ses collaborateurs, un journal savant puisse donner en métaphysique comme ailleurs une appréciation équitable. Les autres sciences et les autres connaissances ont, en effet, une règle de mesure. La mathématique a la science en elle-même, l'histoire, la théologie ont la leur dans les livres laïques et sacrés, la physique et la médecine, dans la mathématique et dans l'expérience, le droit dans les livres de législation, l'œuvre d'art dans les modèles anciens. Mais, pour juger de ce qui s'appelle la métaphysique, la première chose à faire est de trouver une règle de mesure (j'ai cherché à la déterminer avec son usage). Que faire alors, jusqu'à ce que cette règle soit trouvée, puisqu'il faut malgré tout juger les livres de métaphysique? Sont-ils faits suivant la méthode dogmatique? on peut se conduire à leur égard comme on le veut; personne alors ne jouera au maître avec les autres hommes sans qu'il se trouve quelqu'un pour lui rendre la pareille. Sont-ils faits suivant la méthode critique? je ne parle pas d'un livre qui critique d'autres ouvrages, mais d'un livre qui critique la raison elle-même, sont-ils faits de telle sorte que la règle qui permet de les juger, loin d'être déjà acceptée par avance, soit encore un objet de recherches? on peut sans doute alors présenter des objections et formuler des blâmes. Mais, au fond, objections et blâmes doivent être modérés parce que le besoin auquel répond l'ouvrage est un besoin général et que le manque d'une connaissance nécessaire rend vicieuse toute sentence tranchante.

Mais, pour lier ma défense à l'intérêt général du monde philosophique, je propose une recherche décisive sur le moyen de rapporter toutes les tentatives métaphysiques à leur intérêt public. Cette recherche est uniquement celle qu'ont faite avec raison les mathématiciens pour assurer, grâce à la discussion, la supériorité de leurs méthodes; de même, je somme mon critique de prouver, comme il convient, par des principes *a priori*, à sa manière, une seule des propositions qu'il dit être vraiment métaphysiques, c'est-à-dire de celles qui sont reconnues pour être synthétiques et *a priori* par concepts, une seule des plus nécessaires, par exemple le principe de la persistance de la substance ou de la détermination nécessaire dans le monde des événements par leurs causes. S'il n'y réussit pas (et ici le silence est un aveu), il doit convenir que, la métaphysique n'étant rien sans la connaissance apodictique des propositions de cette espèce, sa possibilité ou son impossibilité doit avant tout être prouvée dans une critique de la raison pure ; et alors, il doit ou convenir que les principes de ma critique sont justes ou prouver qu'ils ne le sont pas. Mais comme, avant d'entrer en discussion, je prévois déjà que si peu préoccupé qu'il soit resté jusqu'ici de la certitude de ses principes, lorsqu'il s'agira d'une épreuve rigoureuse, mon critique, dans tout le domaine de la métaphysique, n'en trouvera pas une seule qui lui permette de s'avancer hardiment, je consens à lui octroyer la situation la plus avantageuse qu'on puisse espérer dans une discussion ; je le dispense de l'*onus probandi* et le prends tout entier à ma charge.

Par exemple, mon critique trouve dans ces *Prolégomènes* et dans ma *Critique* (p. 426-461 [*]) huit propositions opposées deux à deux dont chacune appartient nécessairement à la métaphysique et que la métaphysique ne doit ni accepter ni rejeter (quoiqu'il n'y ait pas une d'entre elles qui n'ait été adoptée en son temps par quelque philosophe). Il est libre de choisir à son gré l'une de ces huit propositions, de l'admettre sans preuve, je lui en fais grâce; mais qu'il n'en choisisse qu'une seule (car il lui sera aussi peu utile qu'à moi de gaspiller son temps) puis, qu'il attaque la preuve que je donne de la proposition contraire. Si je puis encore sauver cette seconde proposition, si je puis montrer ainsi que le contraire de la proposition que mon critique adopte peut être prouvé aussi clairement que cette proposition même d'après des principes que toute métaphysique dogmatique doit nécessairement reconnaître, il sera clairement montré par là qu'il y a dans la métaphysique un vice originel qui ne peut être ni expliqué ni guéri qu'en remontant à la raison pure elle-même et que, par conséquent, ou ma critique doit être adoptée ou

---

[*] Trad. Barni, t. II, p. 48-75.

une critique meilleure lui doit être substituée; mais que, dans tous les cas, elle doit être au moins étudiée et c'est la seule demande que je fasse en ce moment. Si, au contraire, je ne peux pas sauver ma démonstration, des propositions dogmatiques fondamentales, une proposition synthétique reste debout, au bénéfice de mon adversaire; l'accusation que j'ai portée contre la métaphysique commune était injuste, et je m'engage à reconnaître pour équitable le blâme porté contre ma *Critique* (et pourtant il s'en faut que ceci soit la conséquence légitime de ma défaite). Mais il me semble qu'il serait ici nécessaire de quitter l'incognito, car autrement, je ne vois pas comment au lieu d'avoir une seule question à résoudre je pourrais éviter l'honneur ou l'ennui d'être accablé de questions par des adversaires anonymes que je n'aurais pas provoqués.

Projet d'un examen de la Critique que le jugement peut suivre.

Je dois aussi des remerciements au public savant pour le silence dont il a longtemps honoré ma *Critique*; ce silence prouve, en effet, que le public a suspendu son jugement et, par suite, qu'il a soupçonné que quoique cette œuvre abandonne toutes les voies frayées pour en prendre une nouvelle où l'on ne peut se retourner immédiatement, il y a peut-être bien en elle de quoi rendre une vie et une fertilité nouvelles à une branche puissante, mais aujourd'hui morte, de la connaissance humaine; cela prouve en même temps qu'il a pris garde à ne pas briser et détruire par un jugement précipité une greffe encore jeune. Un exemple de jugement retardé pour des raisons semblables me tombe seulement aujourd'hui sous les yeux dans le journal savant de Gotha. Tout lecteur (sans qu'il soit besoin pour cela de prendre en considération la louange ici suspecte que j'en fais) s'apercevra de lui-même de la solidité de ce jugement fondé sur la représentation intelligente et vraie d'une partie des premiers principes de mon ouvrage.

Et maintenant, puisqu'il est impossible de juger immédiatement dans son ensemble et d'un coup d'œil rapide un bâtiment étendu, je propose de l'examiner depuis ses fondements pièce par pièce et de se servir de ces *Prolégomènes* comme d'un plan général auquel on pourrait à l'occasion comparer l'œuvre elle-même. Si elle n'avait pas d'autre fondement que l'importance imaginaire que notre vanité ajoute d'ordinaire à nos propres productions, cette proposition serait impertinente et mériterait de n'être pas écoutée. Mais maintenant, l'état de la philosophie spéculative tout entière est celui-ci : elle est sur le point de s'éteindre complètement en dépit de l'indestructible inclination qui porte vers elle cette raison humaine qui, aujourd'hui, et seulement parce qu'elle est sans cesse trompée, cherche et cherche vainement à se renfermer dans l'indifférence.

Dans notre siècle de pensée, il n'est pas douteux que beaucoup d'hommes de valeur ne doivent saisir toute bonne occasion de concourir à l'intérêt commun de la raison, qui devient toujours de plus en plus clair, pourvu qu'il y ait quelque espoir de réussir. La mathématique, la physique, le droit, les arts, la morale, etc., ne suffisent pas à remplir l'âme; il reste encore en elle un espace vide réservé à la seule raison pure et spéculative, ce qui nous force à chercher dans des balivernes, dans des futilités, dans le mysticisme, une occupation et un entretien en apparence, en réalité un divertissement qui étouffe le cri importun par lequel la raison réclame quelque chose de conforme à sa destination et qui la satisfasse en elle-même, loin de la mettre en branle pour d'autres desseins ou dans l'intérêt des passions. Aussi, une étude dont l'objet unique est le domaine de la raison en elle-même, domaine où doivent aboutir comme à leur terme et s'unir en leur fin toutes les autres connaissances, une pareille étude a, j'ai des raisons de le croire, un grand attrait pour quiconque a cherché à étendre ainsi ses concepts, et j'ose dire qu'elle en a un plus grand que toute autre connaissance théorique, qu'on échangerait difficilement contre celle-là.

Si je propose comme plan et comme fil conducteur de mes recherches ces *Prolégomènes* et non la *Critique* elle-même, c'est que, si je suis encore aujourd'hui complètement satisfait du contenu de cette œuvre, de son ordre, de sa méthode et du soin que j'ai pris pour établir et éprouver chaque proposition avant de l'exposer (car il m'a fallu des années pour me contenter pleinement, non pas seulement sur l'ensemble, mais même parfois sur les sources d'une seule proposition), je ne suis pas en revanche entièrement satisfait de mon exposition dans certains chapitres de la théorie élémentaire, par exemple dans celui de la déduction des concepts de l'entendement ou dans celui des paralogismes de la raison pure; il

APPENDICE. 261

y a là une certaine diffusion qui est un obstacle à la clarté, et l'on peut prendre pour base de son examen, au lieu de ces chapitres, ce que les *Prolégomènes* disent ici sur le même sujet.

On fait aux Allemands la réputation d'aller plus loin que les autres peuples dans ce qui exige la persévérance et l'application soutenues. Si cette opinion est fondée, voici une occasion et de mener à bien une œuvre dont l'heureuse issue est à peine douteuse, à laquelle tous les hommes qui pensent prennent un intérêt égal sans qu'elle ait été cependant jusqu'ici en bonne voie ; et de fortifier l'opinion favorable qu'on a de nous ; et cela surtout parce que la science dont il s'agit est d'une nature si particulière qu'elle peut être d'un seul coup portée à sa perfection complète, à un état fixe où elle ne pourra ni être poussée plus loin de si peu que ce soit, ni être augmentée ou transformée par aucune découverte ultérieure (je ne fais pas entrer ici en ligne de compte l'embellissement d'une clarté toujours croissante ou l'utilité qui s'étend en tous sens), avantage qu'aucune autre science n'a ni ne peut avoir, car aucune n'a rapport à un pouvoir de connaître aussi complètement isolé, aussi indépendant des autres, aussi pur de tout mélange avec eux.

Aussi le moment actuel ne semble pas défavorable à ma requête, puisqu'en dehors des sciences dites utiles, l'Allemagne ne sait pas de quoi s'occuper, et ce qu'on lui propose ici n'est pas un simple jeu, c'est bien une œuvre capable d'atteindre un but durable. Je dois laisser à d'autres le soin d'inventer un moyen pour réunir les efforts des savants vers un pareil but. Non certes que j'aie l'idée d'imposer à tout le monde de suivre fidèlement les propositions que je soutiens, ni que je me flatte de cette espérance; mais le hasard peut tout produire, attaques, objections, restrictions, et confirmations aussi, et compléments, et développements; que la question soit seulement examinée à fond, et il ne peut manquer qu'un nouveau système, à défaut du mien, ne devienne assez parfait pour léguer à la postérité un héritage dont elle devra être reconnaissante.

Il serait trop long de montrer ici quelle métaphysique on sera en droit d'attendre dans la suite, une fois qu'on sera en règle avec les principes de la critique, il serait trop long de montrer que loin de devoir paraître misérable et de piètre figure, parce qu'elle a été dépouillée de ses fausses plumes, elle doit sous un autre rapport sembler plus riche et mieux dotée; mais tout de

suite on aperçoit d'autres grands avantages que
devrait entraîner une pareille réforme. La métaphysique commune avait déjà son utilité, parce
qu'elle recherchait les concepts élémentaires de
l'entendement pour les éclaircir par des analyses
et les préciser par des explications. Par là, elle
devenait pour la raison une culture à laquelle
celle-ci pouvait trouver bon de se consacrer
ensuite. Mais c'était là tout le bien qu'elle faisait.
Car ce service qu'elle rendait l'anéantissait en
retour ; elle favorisait l'outrecuidance par des
assertions téméraires, la sophistique par de subtiles subterfuges, et de belles apparences, la
sécheresse par la légèreté avec laquelle elle se
tirait des problèmes les plus difficiles à l'aide d'un
peu de scolastique, d'autant plus séduisante elle-
même qu'elle avait le choix entre la langue de la
science et la langue populaire, de sorte qu'elle
était tout à tous, c'est-à-dire en réalité rien pour
personne. La critique, au contraire, donne à notre
jugement une règle qui permet de séparer avec
certitude la science de l'illusion ; complètement
mise en pratique dans la métaphysique, elle
donne à la pensée une méthode qui étend ensuite
sa bienfaisante influence sur les autres emplois
de la raison et lui infuse pour la première fois le

véritable esprit philosophique. Et le service que la critique rend à la théologie en l'affranchissant du jugement de la spéculation des dogmatiques et en la mettant tout à fait en sûreté par là contre toutes les attaques des adversaires de ce genre, n'est assurément pas à dédaigner non plus. La métaphysique commune, en effet, bien qu'elle eût promis un grand appui à la théologie, n'avait pu tenir ses engagements et, en appelant à son aide la spéculation dogmatique, la théologie n'avait réussi qu'à soulever des ennemis contre elle. Le mysticisme qui, dans un siècle éclairé, ne peut se produire que s'il se cache derrière une école de métaphysique sous la protection de laquelle il ose se risquer pour faire rage, si je puis dire, avec la raison, le mysticisme est chassé de son dernier repaire par la philosophie critique; et, par-dessus tout cela, tout maître de métaphysique se réjouira certainement de pouvoir dire une fois avec l'approbation universelle que ce qu'il professe est enfin une science et une science réellement utile à l'être commun, à l'humanité.

FIN

NOTE CRITIQUE

Le problème que soulève l'interprétation des *Prolégomènes* ne peut se discuter isolément et par lui-même : il trouve sa solution naturelle dans une question plus vaste et plus complexe, l'interprétation de la *Critique de la raison pure* dont les *Prolégomènes* forment à la fois l'introduction et le complément. Notre tâche doit donc se borner ici à quelques brèves indications critiques. Les *Prolégomènes* ont paru à Riga (chez Hartknotch, 222 p. in-8), en 1783, deux ans après la première édition de la *Critique*, quatre ans avant la seconde. Réimprimé sans modification à Francfort et à Leipzig, en 1791, cet ouvrage figure dans les éditions des *Œuvres de Kant* qu'ont successivement données Rosenkranz et Schubert (t. III, 1838, 137 p.), Hartenstein (t. IV, 1867, 167 p.), Kirchmann (*Bibl. phil.*, 1869, 152 p.), et il vient de prendre place dans la Bibliothèque Universelle de Réclam (édit. Schulz, Leipzig). Mais il importe surtout de signaler l'édition magistrale que M. Benno Erdmann a donnée des *Prolégomènes* (1878, chez Voss, Leipzig, cxiv-152 p. in-8). Cette édition ne se recommande pas seulement par le soin attentif qui a été apporté à la revision du texte [1], mais encore

---

[1]. Naturellement, nous avons suivi le texte d'Erdmann; nous devons seulement signaler au lecteur une modification que nous nous sommes permise : à la page 122 de son édition (p. 222 de notre traduction), B. Erdmann note une phrase que Kant aurait laissée inachevée, ce qui, dans un ouvrage imprimé, semble extrêmement difficile à admettre : en appliquant à ce texte la méthode critique de la philologie moderne, on se convainc sans peine qu'on se trouve en présence d'une faute de lecture ou de copie, et la véritable leçon peut être reconstituée par une conjecture très simple. Voici comment la phrase se termine suivant Erdmann : « ... zwar nicht in der Absicht, um uns mit diesen speculativ zu beschäftigen (weil wir keinen Boden finden, worauf wir Fuss fassen können) sondern *damit praktische* Principien, die ohne einen solchen Raum für ihre nothwendige Erwartung und Hoffnung vor sich zu finden, sich nicht zu der Allgemeinheit ausbreiten könnten, deren die Vernunft in moralischer Absicht unum-

et surtout par l'introduction très approfondie et très originale qui précède l'ouvrage. Au sujet de cette introduction d'ailleurs, le lecteur français a la bonne fortune de pouvoir consulter le compte rendu qu'un des maîtres les plus autorisés à parler de Kant, M. Darlu, en a fait dans la *Revue philosophique* (t. VII, p. 208 et suiv.). En suivant fidèlement la marche de l'esprit de Kant, telle qu'elle se reflète dans sa correspondance et dans les écrits de ses amis, M. Benno Erdmann nous montre tour à tour la pensée initiale qui avait présidé à la rédaction des *Prolégomènes*, et la direction imprévue que cette pensée prend sous le coup des événements. Tout d'abord, Kant, étonné de l'indifférence générale qui accueille la *Critique* et du silence qui répond seul à ses promesses, ou à ses menaces de révolution philosophique, se propose d'écrire un exposé rapide qui permette au public de saisir, dans ce qu'elle a de

---

gänglich bedarf... ». Nous proposons de lire, au lieu de « damit praktische », *mit praktischen*, qui équilibre la phrase, et accentue plus fortement l'opposition que Kant avait dessein de marquer dans ce passage.

plus caractéristique, la tendance de la doctrine nouvelle, un traité populaire, comme il disait; mais bientôt un article qui parut dans une des revues les plus accréditées de l'époque, et composé par un érudit très en renom, donna l'occasion à Kant de comprendre que, non seulement le public allemand était demeuré étranger à la *Critique*, mais encore que le monde savant, par impuissance ou par affectation, en méconnaissait l'originalité et la portée, en la réduisant à n'être qu'une tentative assez gauche et assez maladroite pour rajeunir les formules banales du scepticisme antique, ou tout au plus de l'idéalisme anglais. Il importait à Kant de déterminer avec précision quelle était la position exactement occupée par sa doctrine; de montrer aux philosophes de l'époque, qui avaient intérêt à ne pas le voir, qu'elle était, en même temps que la condamnation définitive de la vieille métaphysique, le fondement d'une science nouvelle; que si elle ne consentait pas à faire abstraction des doutes sceptiques que Berkeley et Hume avaient soulevés, elle se proposait aussi d'y répondre : ne valait-il pas mieux les résoudre que les ignorer? Erdmann l'a montré, ce n'est pas seulement dans l'appendice où il prend directement à partie son critique de Gœttingue, Garve, que Kant est préoccupé de défendre son œuvre contre des attaques aussi présomptueuses qu'injustifiées, c'est dans tout le cours de l'ouvrage, en particulier dans les paragraphes complémentaires qui sont ajoutés aux développements essentiels : de sorte que Kant, en écrivant les *Prolégomènes*, se serait proposé successivement deux objets bien différents, destinés tous les deux à assurer le succès de la critique : simplifier pour le public, préciser pour les savants. Seulement Erdmann a cru pouvoir aller plus loin : il a cru pouvoir affirmer qu'aux deux préoccupations distinctes qui se partageaient l'esprit de Kant, avaient correspondu réellement deux rédactions distinctes. Le traité populaire, commencé dès le mois de septembre 1781, aurait été achevé sous sa première forme avant l'apparition de l'article de Gœttingue (19 janvier 1782), et Kant, excité par les critiques de Garve, en aurait fait les *Prolégomènes* dans les premiers mois de l'année 1782. Puis, poussant jusque dans leurs détails les conséquences de son hypothèse, Erdmann s'est proposé de retrouver dans le texte actuel les passages qui appartiennent à la première rédaction et ceux qui y ont été ajoutés dans la seconde; il a imprimé les uns en gros caractères, et les autres en fins, de sorte que son édition transforme totalement l'aspect des *Prolégomènes*. Il est évident que nous ne pouvions adopter dans notre traduction une hypothèse qui, tout ingénieuse et toute brillante qu'elle est, n'en demeure pas moins une conjecture d'interprète : d'ailleurs elle a trouvé en Allemagne un contradicteur violent, trop violent peut-être. Dans une brochure intitulée : *Kant's Prolegomena nicht doppelt redigirt* (chez L. Liepmannssohn, Berlin, 1879, 78 p. grand in-8), le Dr Arnoldt s'est efforcé de prouver l'unité de composition qui se manifeste, suivant lui, dans l'ouvrage de Kant, et s'il n'a pas réussi à détruire l'idée fondamentale de la thèse que soutient Erdmann, s'il semble incontestable que Kant a fait à la fois, en écrivant les *Prolégomènes*, œuvre de vulgarisation et œuvre de polémique, il faut reconnaître au moins que la dissertation du Dr Arnoldt montre assez bien combien l'hypothèse d'une double rédaction avec la détermination rigoureuse que B. Erdmann a prétendu lui donner est aventurée, et avec quelle facilité les textes invoqués par lui se laissent « solliciter » dans un sens tout opposé [1]. Il y a quelque indiscrétion sans doute à vouloir pénétrer aussi délibérément que le fait Erdmann dans l'intimité du génie de Kant et dans les secrets de son travail personnel; il n'en est pas moins vrai que ses conjectures éclairent d'un jour tout nouveau la lecture des *Prolégomènes*, et qu'elles sont souvent d'une excellente indication pour l'intelli-

---

1. Cf. l'article de Vaihinger sur la controverse d'Erdmann et d'Arnoldt dans le *Philosophische Monatshefte*, 1880, p. 44-71.

gence de certains passages : aussi reproduisons-nous dans le tableau ci-dessous la liste des passages que, d'après cette hypothèse, Kant aurait ajoutés dans une seconde rédaction :

Préface, en entier.

§ 3, en entier.

§ 4, depuis : « Mais je ne puis m'empêcher... » (p. 35) jusqu'à : « Les jugements proprement métaphysiques... » (p. 37).

Et depuis : « Dans la critique de la raison pure... » (p. 40) jusqu'à : « Heureusement nous ne pouvons... » (p. 41).

§ 5, depuis : « Mais nous n'avons pas besoin... » (p. 42) jusqu'à : « La véritable question... » (p. 43).

Depuis : « Pour être indispensables... » (p. 45) jusqu'à : « En conséquence tous les métaphysiciens... » (p. 47).

Remarques I, II, III (p. 66).

§§ 27, 28, 29, 30, 31.

§ 39, en entier,

§ 49, depuis : « C'est ainsi que tout... » (p. 171) jusqu'à : « Car si l'espace... » (p. 171).

§§ 57, 58, 59, 60.

Résolution du problème général des prolégomènes.

Appendice sur les conditions qui pourraient réellement faire de la métaphysique une science.

Une autre controverse s'est également élevée entre deux docteurs allemands au sujet des *Prolégomènes* : le professeur Vaihinger, de Strasbourg, en relevant les incohérences et les contradictions de détail que présentent le chapitre II et le chapitre IV des *Prolégomènes*, est arrivé à cette conclusion qu'il s'était produit une interversion de pages dans l'édition originale des *Prolégomènes* (*Philosophische Monatshefte*, 1880, p. 321-322; 513-532); le docteur H. Witte a pris à tâche de ruiner cette thèse (*ibid.*, 1883, p. 145-174), et après des répliques et des instances de part et d'autre, la question est demeurée pendante.

Après les éditions des *Prolégomènes*, il faut en noter les principales traductions : la très précieuse traduction latine de Born (t. II, 139 p.); la traduction française de Tissot, Dijon et Paris, 1865; la traduction anglaise de Abbott, Londres, 1873.

TABLE DES MATIÈRES

Avertissement des traducteurs.................... vii

PROLÉGOMÈNES

Préface....................................... 1
Avant-propos.................................. 21
De la caractéristique de toute connaissance métaphysique..................................... 21
Question générale des prolégomènes............... 42

PREMIÈRE PARTIE

DU PROBLÈME CAPITAL DE LA PHILOSOPHIE TRANSCENDANTALE

Comment la mathématique pure est-elle possible?... 53
   Remarques I-III 66

DEUXIÈME PARTIE

DU PROBLÈME CAPITAL DE LA PHILOSOPHIE TRANSCENDANTALE

Comment la physique pure est-elle possible?....... 83
Appendice à la physique pure.................... 140

TROISIÈME PARTIE

DU PROBLÈME CAPITAL DE LA PHILOSOPHIE TRANSCENDANTALE

Comment une métaphysique est-elle possible en général?..... 149

 I. Idées psychologiques........................ 162
 II. Idées cosmologiques........................ 171
 III. Idées théologiques......................... 191
Remarque générale sur les idées transcendantales.. 193
Conclusion sur la détermination des limites de la
 raison pure.................................. 196

RÉSOLUTION DU PROBLÈME GÉNÉRAL DES PROLÉGOMÈNES

Comment la métaphysique est-elle possible comme
 science?..................................... 227

APPENDICE

SUR LES CONDITIONS QUI POURRONT RÉELLEMENT FAIRE DE LA MÉTAPHYSIQUE UNE SCIENCE

Épreuve d'un jugement sur la Critique, prononcé
 avant toute recherche......................... 243
Projet d'un examen de la Critique que le jugement
 peut suivre................................... 257

NOTE CRITIQUE DES TRADUCTEURS................... 265

COULOMMIERS. — Imp. PAUL BRODARD.

Documents manquants (pages, cahiers...)

www.ingramcontent.com/pod-product-compliance
Lightning Source LLC
Chambersburg PA
CBHW050627170426
43200CB00008B/913